CC 59372096046050

WITHDRAWN

WORN, SOILED, OBSOLETE

La anorexia juvenil

GIORGIO NARDONE
ELISA VALTERONI

La anorexia juvenil

Una terapia eficaz y eficiente
para los trastornos alimentarios

Traducción: MARIA PONS IRAZAZÁBAL

HERDER

Título original: L'anoressia giovanile
Traducción: Maria Pons Irazazábal
Diseño de la cubierta: Gabriel Nunes

© 2017, Ponte alle Grazie, Milán
© 2018, Herder Editorial S. L., Barcelona

ISBN: 978-84-254-4203-2

Cualquier forma de reproducción, distribución, comunicación pública o transformación de esta obra solo puede ser realizada con la autorización de sus titulares, salvo excepción prevista por la ley. Diríjase a Cedro (Centro de Derechos Reprográficos) si necesita reproducir algún fragmento de esta obra (www.conlicencia.com).

Imprenta: Sagrafic
Depósito legal: B-23.588-2018
Printed in Spain - Impreso en España

Herder
www.herdereditorial.com

Índice

Presentación 9

1. La psicopatología más terrible y más amada 11

2. La investigación-intervención sobre la anorexia 17
   Factores terapéuticos 24

3. Comprender el trastorno 29
   Anorexia juvenil pura 29
   Anorexia juvenil con *exercising* 32
   Anorexia juvenil con *binge eating* 34
   Anorexia juvenil con *vomiting* 35
   Anorexia juvenil con autolesiones 37
   Anorexia juvenil con *purging* 38
   Anorexia juvenil con ingesta de sustancias químicas ... 39
   Anorexia juvenil multisintomática y/o trastorno
   borderline de personalidad 41

4. El tratamiento terapéutico 45
   Romper los esquemas de la anorexia juvenil 45
   Anorexia juvenil con *exercising:* tratamiento
   terapéutico 56
   Anorexia juvenil con *binge eating:* el tratamiento ... 58
   Anorexia juvenil con *vomiting:* el tratamiento 60
   Anorexia juvenil con autolesiones 64

Anorexia juvenil con *purging* 66
Anorexia juvenil con ingesta de sustancias químicas ... 68
Anorexia juvenil multisintomática y/o trastorno
borderline de personalidad 69
El tratamiento de la anorexia juvenil: resumir
para redefinir 71

5. ANOREXIA JUVENIL: LA TERAPIA EFICAZ 75
Eficacia y eficiencia de la terapia breve estratégica
del CTS de Arezzo 78

APÉNDICE 83
Caso nº 1 85
Caso nº 2 125

BIBLIOGRAFÍA 167

Presentación

La anorexia da miedo. Asusta no solo a los padres, sino también a los médicos y a los psicoterapeutas. En cambio, parece que los que no la temen son quienes la padecen, porque han sido seducidos por ella. Se trata, paradójicamente, de una condición *amada* por sus víctimas, que prácticamente le rinden culto. Es una enfermedad acorde con nuestros tiempos, que combinan abundancia de comida y modelos de una delgadez excesiva. La anorexia también da miedo porque las terapias han resultado a menudo inadecuadas, cuando no contraproducentes. En este libro se presentan enfoques terapéuticos eficaces: son tratamientos que distinguen entre distintos tipos de trastornos alimentarios y reconocen las características específicas de la anorexia juvenil. No todos los pacientes anoréxicos presentan los mismos síntomas: es importante saber distinguir las variantes de la enfermedad y aplicar la estrategia apropiada que conducirá al cambio. Una terapia, pues, fundamentada en la experiencia clínica para una patología que exige una intervención inmediata, precoz y decidida.

1. La psicopatología más terrible y más amada

En el amplio panorama de las psicopatologías, solo la anorexia mental tiene como consecuencia directa la muerte. Según la Organización Mundial de la Salud, representa la segunda causa de muerte entre los jóvenes, después de los accidentes de tráfico. Es el terror de los padres y la patología más temida por psicoterapeutas, psicólogos y psiquiatras. Las muertes provocadas directamente por este trastorno oscilan entre el 5 por ciento y el 18 por ciento de los casos (Gordon, 2004; Steinhausen, 2002; Steinhausen et al., 2003; Fichter, Quadflieg y Hedlund, 2008; Casiero y Frishman, 2006; Nielson et al., 1988; APA, 2014): desde luego, no es un dato tranquilizador, sobre todo si pensamos que se mantiene invariable desde hace unos decenios. Eso significa que, pese a los progresos en la investigación, las terapias para este trastorno mental en la mayoría de los casos siguen siendo muy poco eficaces y muchas veces no logran limitar y minimizar su peligrosa evolución.

Como veremos detalladamente en las páginas siguientes, en ocasiones el tratamiento terapéutico es justamente lo que agrava el trastorno en vez de hacerlo desaparecer (Dalle Grave, 2015; Steinhausen, 2009; Nardone, Verbitz y Milanese, 1999; Nardone y Selekman, 2001). El otro dato descorazonador es el de la eficacia de las terapias, evaluada internacionalmente por la National Eating Disorders Association (NEDA): los resultados positivos no superan el 40 por ciento de los tratamientos; el 45 por ciento de los casos se cronifica y el 15 por ciento restante, como hemos dicho, tiene un desenlace fatal. No obstante, un débil rayo de luz se vislumbra en medio de la oscuridad de la situación: existen enfoques terapéuticos que constituyen una excepción, ya que garantizan unos porcentajes de curación mucho más elevados, en algunos casos incluso el doble de la media. Divulgar este tipo de terapia es el objetivo del presente libro, que, pese a ser una obra especializada, está escrito de modo que también resulte accesible a un público muy amplio.

Una de las cosas más sorprendentes con que nos encontramos al introducirnos en el mundo de la anorexia es que, contrariamente a lo que nos indica el sentido común, las personas que son víctimas de ella, o pueden llegar a serlo, son justamente las que no temen esta peligrosa enfermedad, porque es la patología más *amada* y a menudo se percibe como una virtud y no como un trastorno.

Para comprobar la realidad de esta afirmación aparentemente increíble basta acudir a Internet y entrar en los grupos de discusión sobre «Ana», como llaman afectuosamente a la anorexia sus vestales: allí descubriremos un mundo de una absurdidad estremecedora. Las chicas manifiestan un profundo amor a su patología –que se representa como un estado de gracia y de elevación– y se intercambian información sobre las sublimes sensaciones provocadas por su condición. Por otra parte, la abstinencia de comida y de placer se ha considerado desde siempre y en todas las culturas un camino para alcanzar estados de éxtasis de tipo religioso o esotérico.

También hay que saber que el organismo humano, en las primeras fases de fuerte restricción alimentaria y consiguiente pérdida de peso, sufre modificaciones biológicas causadas por el sistema nervioso central: una de ellas es la producción de endorfinas, que provocan estados de bienestar y efectos de excitación comparables a los derivados del consumo de cocaína. Bastaría esto para comprender cuán engañosa y a la vez seductora es esta patología, que corre el riesgo de evolucionar, como ocurre en casi dos tercios de los casos, hacia su peor variante, esto es, comer y vomitar para mantenerse por debajo del peso correcto o para adelgazar, que a su vez se transforma en la irrefrenable compulsión a comer para vomitar como forma de extremo placer (Nardone et al., 1999). Las chicas

1. La psicopatología más terrible y más amada

hablan de la anorexia como de un «irresistible amante secreto», un «acogedor refugio», un «maravilloso compañero de viaje». De modo que no debe sorprendernos esta devoción aparentemente paradójica a la patología mental más peligrosa.

Hay que tener en cuenta, además, el papel bastante relevante que tiene el atractivo social de una enfermedad padecida desde siempre por princesas, actrices y otras mujeres que representan modelos imitables para el mundo juvenil femenino. Y este factor ha cobrado mayor importancia en estos últimos decenios debido a la influencia de la moda sobre las nuevas generaciones. Está a la vista de todos que las modelos que pisan las pasarelas de los desfiles y cuyas fotografías aparecen en las páginas de las revistas, ya no solamente de moda, representan un ideal de belleza de tipo anoréxico. En los años ochenta, las *top models* ofrecían la imagen de un cuerpo fuerte y a veces incluso atlético; desde mediados de los años noventa en adelante, las modelos empiezan a mostrar un físico demacrado, en la mayoría de los casos presentan un grave subpeso y a menudo padecen trastornos de alimentación.

De nada sirvió que algunos estados europeos, preocupados por el fenómeno y por su incidencia en la salud de los jóvenes, impidieran a los diseñadores utilizar modelos demasiado delgadas y prohibieran a estas desfilar por debajo de ciertas tallas. Desgraciadamente, las instituciones no pensaron que a los diseñadores más importantes les bastaba reducir las medidas de la talla propuesta como patrón, de modo que actualmente son inferiores a las de los años noventa.

A propósito de esto recuerdo las palabras aparentemente provocadoras del sociólogo Sabino Acquaviva, recientemente fallecido, que como atento observador de la evolución de las costumbres advertía del «pacto perverso» entre diseñadores y directores de revistas de moda, que proponía un modelo masculino cada vez más efébico y uno femenino cada vez más andrógino, de acuerdo con un proyecto que ensalza el *unisex* total.

Si analizamos las imágenes más recientes de la publicidad de la moda y las características de quienes pisan las pasarelas, ciertamente hemos de dar la razón al brillante sociólogo. No obstante, creemos que es excesivo atribuir al mundo de la moda toda la responsabilidad del aumento exponencial en los últimos años de la incidencia de los trastornos alimentarios.

Buscar culpas y culpables tampoco ayuda a encontrar las soluciones, tan solo lleva a una condena moral. La moda modela conductas pero a su vez es influida por las costumbres sociales. Existe una influencia recíproca y circular entre lo que se propone como nuevo criterio estético y lo que surge de los cambios de hábitos y estilos sociales. Es cierto que la publicidad de un modelo estético no puede dejar de influir o ser inocua para los *teenager* que se enfrentan a la realidad de las relaciones interpersonales adolescentes, en las que el *look* que se ajusta a lo que está de moda desempeña un papel importante de reafirmación en el momento de la exposición social.

Otro factor que incide de forma directa en la aparición de la anorexia es el nivel de bienestar y de abundancia de comida de que se dispone: no es casual que a lo largo de la historia solo se hayan detectado casos de esta patología entre nobles y ricos, y en cambio no se tiene noticia de ningún hambriento que haya enfermado de anorexia. A este respecto es significativa la experiencia que viví en primera persona en 1993, cuando recibí la visita de una colega india a la que había conocido durante mis estudios en Palo Alto y que entonces era directora del hospital psiquiátrico de Bombay, ahora Mumbai. Había venido a ponerse al día en su trabajo con los trastornos fóbicos y obsesivos, y se quedó sorprendida de que también me estuviese ocupando de anorexia, puesto que en India, en aquella época, los casos eran contados y solo se daban en familias nobles. Por esta razón no la consideraba una temática clínica tan importante como para dedicarle un proyecto de investigación-intervención específico. Once años más tarde, cuando India había alcanzado un nivel de bienestar más elevado, la colega regresó para recibir formación sobre el tratamiento en tiempo breve del trastorno de la anorexia y de sus variantes, porque también en su país había explotado la epidemia.

1. La psicopatología más terrible y más amada

Tras estas reflexiones, el lector comprenderá cuál es la paradoja de la anorexia, un fenómeno que asusta tanto como atrae y una enfermedad grave que se confunde con una sublime virtud a la que se aspira.

Ahora bien, a esta paradoja se le añade otra no menos sorprendente para quien no sea un experto en la materia: el hecho de que la prevención por medio de la información, en vez de reducir el fenómeno, lo aumenta; es decir, cuanto más se habla de él, más crece. Piénsese que, en contra de lo que convendría hacer, la televisión dedica una gran cantidad de horas a debates y programas de información juvenil, con un éxito de audiencia garantizado pero con un efecto epidemiológico nefasto.

Recordemos el caso extremo de la administración romana, que encargó a un famoso fotógrafo que hiciera una campaña de sensibilización sobre la anorexia: se colgaron carteles en toda la capital en los que aparecía una joven absolutamente esquelética posando como modelo. El objetivo era «impactar» y hacer desistir del proceso de restricción alimentaria, pero el resultado fue el contrario: parecía que se hacía publicidad de la belleza de ese estado de desnutrición, hasta el punto de que la iniciativa fue recibida con entusiasmo justamente en los sitios y las redes sociales sobre la anorexia. Además, la joven anoréxica de la foto murió al poco tiempo a causa de los efectos devastadores de su enfermedad, que se había exhibido de tal forma. Eso no significa que no deba hablarse del tema, sino que hay que tratarlo con mucho cuidado y competencia, evitando hacer una publicidad que convierta la enfermedad en algo más deseable aún de lo que ya es por las razones que hemos aducido.

La anorexia tiene una capacidad de difusión mayor que el *efecto Wherter*, esto es, la cadena de suicidios por imitación que se produjo entre los jóvenes románticos tras la lectura de la célebre novela de Goethe, justamente porque las chicas que se inician en la vida de la relación adulta, turbadas por los cambios fisiológicos de su cuerpo y por los cambios emocionales y cognitivos propios de la edad, se convierten en fácil presa de sugestiones muy poderosas.

2. La investigación-intervención sobre la anorexia

En 1993 comenzó el proyecto de investigación para la puesta en marcha de un modelo terapéutico avanzado para los trastornos alimentarios; de hecho, la experiencia anterior con los trastornos fóbicos y obsesivos (Nardone y Watzlawick, 1990; Nardone, 1993) había obtenido unos resultados tan importantes que inducían a aceptar también este desafío en el terreno clínico.

El enfoque sistémico y estratégico de la psicoterapia ya tenía una tradición en el tratamiento de la anorexia mental (Minuchin et al., 1975; Minuchin, 1978; Haley, 1973; Selvini Palazzoli, 1963; Elkaim, 1995). No obstante, enseguida se vio claramente que los trastornos alimentarios habían evolucionado mucho y presentaban claras diferencias respecto a los tipos observados en las décadas anteriores. El estudio de la literatura científica y no científica, obra de numerosos autores representativos de distintos modelos teóricos y prácticos de la psicoterapia y de la psiquiatría, resultaba decididamente discrepante y sobre todo desalentador teniendo en cuenta los resultados de las terapias, tan poco satisfactorios como para sugerir que era necesario contemplar nuestra investigación-intervención desde una perspectiva alternativa a la adoptada por los colegas que nos habían precedido.

Se trataba de reformular las observaciones diagnósticas, así como las estrategias terapéuticas, a la luz de las observaciones empíricas derivadas de la experiencia clínica directa. De hecho, en los años noventa, los criterios para el diagnóstico de los trastornos alimentarios contemplaban únicamente dos cuadros: el de la anorexia y el de la bulimia nerviosa, que, si bien abarcaban otros subtipos, no describían tipologías clínicas fuertemente caracterizadas por una serie de conductas sistemáticas como el *purging*, el *exercising*, el vómito autoinducido o la alternancia de periodos de restricción alimentaria y de atracones; conductas que en nuestra práctica eran bastante más frecuentes que las dos patologías de referencia del *Manual diagnóstico y estadístico de los trastornos mentales* (DSM), del que ya ha aparecido su cuarta edición.[1]

En otras palabras, los criterios oficiales necesarios para establecer el diagnóstico no daban cuenta de las realidades que la observación clínica directa ponía en evidencia, y forzaban la inclusión de las numerosas variantes de trastornos alimentarios en dos únicas categorías antitéticas: por una parte, la restricción alimentaria como síntoma; por la otra, el consumo excesivo de comida.

El primer estudio empírico experimental realizado sobre 192 casos (Nardone et al., 1999) reveló que la mayoría de las personas con un diagnóstico de anorexia eran en realidad sujetos que comían y vomitaban varias veces al día, y que entre los diagnosticados de bulimia muchos alternaban periodos de restricción alimentaria y períodos de grandes atracones. De ello se deducía que lo que se había considerado un síntoma accesorio se había convertido en realidad en un auténtico trastorno, basado en una peculiar forma de equilibrio patológico. La hipótesis de una evolución de los trastornos alimentarios en distintos cuadros patológicos fue corroborada por el hecho de que requerían estrategias terapéuticas totalmente distintas de las que se habían aplicado hasta entonces para la cura de la anorexia y de la bulimia. Esto demostraba claramente que el funcionamiento de la patología, en su formación y su persistencia, era completamente diferente del de los dos tipos originarios de trastorno alimentario.

La constatación empírico-experimental de que «la solución que funciona es la que explica el funcionamiento del problema que es capaz de resolver» (Nardone, 1997, 1998, 2003; Nardone y Portelli,

---

[1] Aunque existen desde hace ya muchos años descripciones clínicas de los trastornos de la alimentación, hasta 1980 no aparecen en la clasificación del DSM como subcategoría de los trastornos de la niñez o de la primera adolescencia, y no se convierten en una categoría por sí mismos hasta el DSM-IV (1994).

2. La investigación-intervención sobre la anorexia

2005; Nardone y Watzlawick, 2005; Nardone, 2009) permitió obtener dos resultados importantes: uno, en el plano del conocimiento real de la evolución de las patologías alimentarias; el otro, en el plano de la formulación de técnicas terapéuticas innovadoras capaces de conseguir la remisión de los trastornos.

Respecto al primer resultado, nuestro trabajo condujo a la formulación precisa y rigurosa de las variantes del trastorno, ofreciendo por primera vez en la literatura de la materia la descripción del síndrome del *vomiting* –lo que aún hoy en los manuales psiquiátricos se define impropiamente como anorexia nerviosa con atracones y conductas de eliminación, o bulimia nerviosa con conductas de eliminación– y del trastorno del *binge eating*, que por fin, veinte años más tarde, ocupa un lugar entre los criterios diagnósticos del DSM-V como categoría reconocida y autónoma.

Las innovaciones terapéuticas que entonces se implementaron con una experimentación clínica rigurosa están hoy validadas empíricamente (Vanderlinden, 2001; Dare y Eisler, 1997; Le Grange, 2004; Le Grange et al., 2010; Loch et al., 2010; Bool y Mitchell, 2004; Robin et al., 1994, 1999; Russell et al., 1987; NCCMH, 2004) y son utilizadas incluso en métodos de cura distintos de los propuestos en este libro.

Fue muy emocionante recibir en 1999 una carta de uno de los maestros de la terapia sistémica y familiar, gran experto en el tratamiento de la anorexia, el doctor Mony Elkaim. En ella me agradecía de todo corazón el trabajo sobre los trastornos alimentarios, porque este estudio le había aclarado una serie de aspectos controvertidos de esta área clínica, aspectos que hasta entonces habían supuesto un obstáculo para una terapia idónea y eficaz. Por esta razón, Elkaim decidió encargarse de la edición francesa del libro *Le prigioni del cibo* *(Las prisiones de la comida,* Barcelona, Herder, 2002), en el que se exponían nuestra investigación-intervención y sus resultados.

En cuanto a la anorexia restrictiva, la innovación importante en el tratamiento fue la modificación del *diktat* típico de las terapias practicadas hasta entonces, esto es, la prohibición de hablar de comida y de los problemas vividos por los pacientes, basándose en la idea, en realidad nunca demostrada, de que esto era contraproducente.[2] En cambio, nuestra práctica nos demostró desde el primer momento que tratar las percepciones y las reacciones de las anoréxicas respecto a la comida, en su ambivalencia, entre el deseo y el miedo, y en su impacto emocional, entre inhibición e impulso, era un paso terapéutico fundamental. El deseo negado del placer de comer los alimentos prohibidos y el miedo a perder el control de la conducta restrictiva se revelaron los verdaderos objetivos de la terapia.

Desde esta perspectiva, empezamos a experimentar técnicas terapéuticas para convencer a las anoréxicas de que se permitieran una *pequeña transgresión alimentaria agradable* como forma de protegerse de la pérdida de control: «Si te lo concedes, puedes renunciar a ello; si no te lo concedes, será irrenunciable». Esta frase evocadora se convirtió en una *invariante* forma de comunicación terapéutica que, junto con una serie de argumentaciones y reestructuraciones, lograba que las pacientes que se resistían se concedieran esa pequeña pero agradable transgresión. Esa experiencia generalmente producía el «efecto avalancha»: la pequeña bola de nieve, lanzada correctamente, rodando sin romperse por una pendiente adecuada, se va transformando en una masa imparable.

Paralelamente, se comprobó la importancia del trabajo terapéutico en la deformada percepción estética de las anoréxicas, con objeto de crear aversión hacia la excesiva delgadez evocando «la belleza de la delgadez y la fealdad de la escualidez», que permitía cambiar la mirada y reducir el efecto «lentes deformantes que engordan», típico de este trastorno. De este modo, las anoréxicas, incluso las que se hallaban en estado grave, empezaban a comer de nuevo y a percibirse de una forma cada vez más correcta, recuperando la sensación del placer de la comida y del placer de sí mismas, además del hecho de ser deseables.

2   Esa idea la defendían a ultranza los enfoques psicoterápicos psicodinámicos y todavía hoy obliga a los terapeutas más ortodoxos a no gestionar directamente las conductas problemáticas, por ser expresión de conflictos inconscientes y funcionales para el mantenimiento del equilibrio psíquico.

2. La investigación-intervención sobre la anorexia

También en este caso la eficacia de la terapia resultó claramente alentadora y superior a los resultados obtenidos por otros enfoques terapéuticos.

Desde entonces, han acudido a Arezzo miles de pacientes de todas partes de Italia para enfrentarse a su trastorno alimentario, y esto nos ha permitido, a través de la aplicación continuada de la experiencia clínica, verificar la validez de las técnicas terapéuticas elaboradas y perfeccionar su aplicación para incrementar su eficacia, hasta el punto de que este tipo de terapia es la que obtiene resultados más satisfactorios en la mayoría de los casos. En efecto, la eficacia es superior al 80 por ciento y la duración del tratamiento no supera, por lo general, las 20 sesiones, incluidos los *follow up* realizados dos años después de la desaparición del trastorno, que —y es un aspecto que no hay que infravalorar— generalmente se materializa a lo largo de diez sesiones, esto es, entre tres y seis meses (Nardone y Watzlawick, 2005; Castelnuovo et al., 2010; Castelnuovo et al., 2013; Gibson, 2015; Gibson et al., 2016). La mejoría ya se aprecia en las primeras semanas de tratamiento, evitando así graves riesgos para la salud de los pacientes.

Quince años después de nuestro proyecto inicial de investigación-intervención y tras la enorme cantidad de casos tratados por los más de doscientos colaboradores esparcidos por todos los continentes, nos encontramos últimamente ante una nueva evolución de la patología, concretamente ante el hecho de que cada vez es más precoz (Istituto Superiore di Sanità) en su inicio y mutación en las variantes de *vomiting* y *binge eating,* asociadas con frecuencia a conductas autolesivas (Nardone y Selekman, 2011). Se trata de una especie de aceleración tanto de la aparición como de la gravedad del problema, que a menudo explota en pocos meses, con una pérdida de 10-15 kilos en dos o tres meses, junto con otros síntomas peligrosos, especialmente el vómito. Basta pensar que la edad de aparición del trastorno está fijada ahora entre los 11 y los 12 años, cuando antes era entre los 14 y los 15. Además de esto, la Società Italiana di Pediatria (2016) informa de una preocupante tendencia a la restricción alimentaria desde los ocho años, especialmente en las niñas. El paso de la fase restrictiva del trastorno a la compulsiva se produce de forma mucho más rápida que antes, es decir, que se *queman* etapas y la ejecución voluntaria de actos autolesivos, como cortarse, quemarse, rascarse hasta dañar la piel, aparece cada vez más como un síntoma del trastorno alimentario restrictivo. Eso significa que la anorexia juvenil se ha convertido en un trastorno más complejo, que ya desde la adolescencia contiene en sí mismo la evolución habitual de la patología alimentaria de larga duración. También en la literatura científica internacional este trastorno específico se distingue de la anorexia adulta, sobre todo por el diferente tratamiento terapéutico que requiere (Bryant-Waugh, 2009; Hay y McDermott, 2009; Le Grange et al., 2003; Lock, 2002; Royal College of Psychiatrists, 2000).

La evolución moderna de los modelos de interacción familiar (Nardone, Rocchi y Giannotti, 2001) hacia formas cada vez más hiperprotectoras y permisivas en la dinámica entre padres e hijos nos sitúa frente a un número creciente de familias secuestradas por el trastorno alimentario de la hija. Son situaciones en las que se observa una casi total incapacidad de gestionar el problema por parte de la familia; incapacidad que acaba concretándose en una ambivalente complicidad que alimenta el fenómeno patológico en vez de reducirlo.

Por consiguiente, hay que prestar mayor atención a los cuadros de trastorno alimentario precoz, que no deben interpretarse únicamente como posibles síntomas de los cuadros más graves que se estructuran a edades más avanzadas, sino que deben considerarse clínicamente completos en su estructura patológica, y de una naturaleza tal que requieren una intervención terapéutica ad hoc. La infravaloración por parte de las familias y de los operadores sanitarios deriva muchas veces y en muy poco tiempo en una cronificación del trastorno. No es raro ver hoy en día a jóvenes de 18 años con una patología alimentaria de larga trayectoria, estructurada como una auténtica homeostasis patológica, con una obstinada resistencia al cambio terapéutico, que asimila la anorexia juvenil a la más conocida anorexia cronificada de veteranas del trastorno de más edad.

2. La investigación-intervención sobre la anorexia

Como ya se ha dicho (aunque no está de más repetirlo), la aparición y la evolución de esta patología han sufrido una fuerte aceleración, y han puesto ante los ojos de estudiosos y terapeutas una realidad mucho más grave que la de las décadas anteriores. De hecho, en muy poco tiempo se pueden crear condiciones trágicas, si se consideran no solo la mortalidad, sino también la comorbilidad, la cronificación del cuadro patológico y las vidas prisioneras de la anorexia mental.

Pese a estos inquietantes hallazgos empíricos, en los capítulos siguientes intentaremos demostrar que la solución terapéutica también puede ser rápida, capaz de hacer desaparecer rápidamente la peligrosa sintomatología y eficaz en la construcción con el tiempo de un equilibrio psicológico que prevenga las recaídas en el trastorno. A condición, no obstante, de que se intervenga en factores interactivos involucrados en la patología –empezando por las percepciones alteradas que producen otras tantas reacciones conductuales, emocionales y cognitivas distorsionadas– y en las interacciones familiares cómplices de la aparición y de la subsistencia del trastorno.

Precisamente con el fin de evaluar los conocimientos y las modalidades terapéuticas para la curación de la moderna anorexia juvenil, dirigí en 2013 un seminario junto con una de las personalidades más destacadas en el campo de los trastornos alimentarios, Camillo Loriedo, director de un centro de excelencia para el tratamiento de los trastornos de la conducta alimentaria (DCA) cuando es inevitable la hospitalización por la situación de riesgo orgánico real, con el objetivo de comparar nuestros métodos. Tanto a los colegas presentes como a nosotros dos nos sorprendió descubrir que estábamos de acuerdo en casi todos los aspectos del tratamiento terapéutico de la anorexia juvenil, aunque el contexto de la hospitalización y el de la psicoterapia ambulatoria son claramente diferentes. Los objetivos terapéuticos primarios y las estrategias para obtenerlos no parecían tan distintos.

El lector ha de saber que habitualmente el tema de los trastornos alimentarios provoca recurrentes discusiones teóricas y prácticas, a veces apasionadas. No obstante, cuando el objetivo es la interrupción lo más rápida posible del trastorno, los caminos de aquellos que trabajan realmente con los casos más graves tienden a converger, poniendo de relieve algunos factores terapéuticos comunes y esenciales para el éxito del tratamiento (Biondi y Loriedo, 2011; Vanderlinden, 2001; Nardone, 2003; Nardone y Selekman, 2011; Le Grange et al., 2010; Lock et al., 2010; Russell et al., 1987; Robin et al., 1994, 1999; Ball y Mitchell, 2004). Esos factores, confirmados luego por la investigación científica internacional (The Royal Australian and New Zealand College of Psychiatrists, 2014), han surgido también claramente de la investigación-intervención que sobre esta patología concreta hemos llevado a cabo en los últimos seis años en el Centro di Terapia Strategica di Arezzo. Veámoslos.

Factores terapéuticos

• El papel parental: los padres tienen un papel fundamental en el tratamiento terapéutico y han de modificar a veces radicalmente sus actitudes y conductas, dejando de ser «manipuladores manipulados por la hija» y adoptando, en cambio, posturas sorprendentes para ellas e imprevistas. El *Family Based Treatment,* tal como lo presentan Le Grange y sus colaboradores (2010) –que recupera la experiencia original del Maudsen Hospital, consistente en transformar a los padres de cómplices en coterapeutas de la patología de la hija– es una acreditada técnica terapéutica para la anorexia juvenil. Se trata, por ejemplo, de hacer que los padres permanezcan sentados a la mesa hasta que la hija haya terminado la cantidad de comida acordada, sin forzarla pero permaneciendo allí todo el tiempo que haga falta hasta que termine la comida, con una actitud tranquila y a la vez firme. Ese método ha demostrado una enorme eficacia, hasta el punto de convertirse en una técnica *evidence based.* En el plano de la comunicación, los padres han de invertir el doble vínculo típico de la relación con la hija anoréxica «si me quieres, deja que no coma... tal

2. La investigación-intervención sobre la anorexia

vez hasta morir», replicando: «Aunque quisiera no podría, porque sería responsable del daño a tu salud o de tu muerte; por lo tanto, perdona, pero tengo que hacer lo que me ordenan». De este modo, es la hija la que se convierte en «la manipuladora manipulada rehén de los padres», que están obligados por su condición a impedirle que ponga en práctica su infausto proyecto, porque se convertirían conscientemente en culpables del mismo.

• Evocación de sensaciones: es fundamental hacer *sentir* a la paciente más que hacerle *entender*. Se trata de trabajar en la creación de sensaciones distintas ante la comida y ante su propio cuerpo, en vez de ofrecerle explicaciones racionales sobre el trastorno. Persuadir a cambiar en vez de persuadir a curarse, mediante técnicas de comunicación sugestivas y a veces hipnóticas, que puedan crear sensaciones de aversión hacia las conductas que alimentan la patología y amplificar las que promueven el cambio terapéutico. De este modo, se transforman las percepciones y las reacciones del sujeto, de patológicas a sanas, sorteando las resistencias al cambio en vez de oponerse a ellas.

Eso significa cambiar las técnicas puramente instructivas y directivas orientadas a modificar las cogniciones y las conductas alimentarias por técnicas sugestivo-persuasivas dirigidas a transformar las percepciones y las emociones frente a la comida y al propio cuerpo, para inducir el cambio de la conducta alimentaria.

Uno de los puntos más importantes del tratamiento evolucionado de la anorexia juvenil es la focalización en la *evocación del placer de los alimentos temidos,* utilizando en el diálogo terapéutico imágenes fuertemente evocadoras y compartidas, con objeto de activar las sensaciones más atávicas, que son la verdadera llave capaz de abrir el cofre sellado de la patología anoréxica. Hay que hablar de los alimentos que a la joven le gustaría comer, *como si* no le hicieran engordar, recurriendo a auténticas sugestiones hipnóticas para reactivar los sentidos adormecidos por la abstinencia reiterada y por el excesivo adelgazamiento. Se sabe que, por debajo de un determinado umbral de peso, la actividad cortical resulta fuertemente dañada, de modo que las personas anoréxicas en estado grave no son capaces de soste-

La anorexia juvenil

ner un diálogo razonado, aunque todavía responden a los estímulos de las sensaciones más primitivas, como el placer y el miedo. Las técnicas hipnóticas constituyen, como escribe Johan Vanderlinden (2001), un acreditado y poderoso instrumento terapéutico para los trastornos alimentarios.

Está claro que, desde este punto de vista, la ecuación comida = medicina, que es la modalidad comunicativa dominante en los enfoques psiquiátricos cognitivo-conductuales para el tratamiento de la anorexia, no solo falla, sino que puede ser contraproducente. De hecho, esta metodología asociada al concepto de alimentación mecánica, a la que los pacientes deben acostumbrarse, ni siquiera cuando se llega a poner en práctica puede considerarse una curación, sino más bien una *triste gestión de la patología*. Las pacientes que consiguen mantener esta conducta alimentaria raramente abandonan el rígido esquema mental obsesivo de control de la comida, y siguen percibiendo la alimentación como un peligroso demonio que hay que mantener encerrado en la jaula de la medicalización, de modo que en la mayoría de los casos siguen siendo rehenes del trastorno. Además, como prueban los estudios realizados, la mayoría de las pacientes, precisamente como consecuencia del rígido régimen alimentario al que están sometidas, acaba cayendo en el *binge eating* o en el *vomiting:* el exceso de control conduce generalmente a la pérdida de control, como ocurre en todos los trastornos de tipo obsesivo (Nardone et al., 1999; Nardone y Valteroni, 2014). Esto también es válido para los programas terapéuticos que están regulados rígidamente, por ejemplo, mediante esquemas nutricionales inflexibles, y que corren el riesgo de provocar la pérdida total del control, promoviendo la consiguiente aparición de formas de trastorno evolucionadas y basadas en la lucha contra los inevitables atracones.

La única curación real de una patología alimentaria se produce cuando la persona consigue estar en forma de modo satisfactorio, comiendo lo que le apetece y constatando que esto no solo no es peligroso, sino que la mantiene en equilibrio, gustándose a sí misma

2. La investigación-intervención sobre la anorexia

y gustando a los demás (Nardone, 2007). El resto no es más que gestión de la patología en sujetos que corren el riesgo de una nueva agudización de los síntomas.

- Las hospitalizaciones: en caso de que se produzcan cuando hay que recurrir a la alimentación forzosa, deberían ser la *ultima ratio* para salvar la vida o evitar graves daños fisiológicos a las pacientes que tienen un subpeso peligroso, y no un procedimiento estándar como ocurre a menudo. Incluso cuando la hospitalización es necesaria, debería ser breve, nunca superior a una semana, para evitar el pulso entre la terapia forzada y la tenaz resistencia de las pacientes. Ocurre a menudo que las pacientes anoréxicas, tras haber salido de una hospitalización prolongada, recaen de nuevo en su patología, incluso con evoluciones del trastorno aprendidas durante el periodo de hospitalización. Muchas jóvenes pacientes aprenden de sus compañeras de hospital a vomitar, a realizar actos de autolesión o a utilizar fármacos anorexígenos.

Hay que tener presente que, si se juntan jóvenes anoréxicas, como suele hacerse en los grupos de autoayuda o en las clínicas especializadas, se corre el riesgo de crear el efecto grupo de pertenencia, que es muy conocido en psicología social, pero que la psiquiatría institucional apenas tiene en cuenta. El hecho de que se establezca una fuerte cohesión de grupo en torno a la anorexia refuerza su valor atractivo, en virtud, además, del sentimiento de fidelidad al grupo. Puede crearse así una especie de secta de devotos de la *diosa* anorexia. Este tipo de evolución es más probable cuanto más jóvenes son las pacientes y menos estructurado su sentido de identidad, que corre el riesgo de definirse precisamente en torno al hecho de compartir una patología alimentaria. Se convierte entonces en una solución intentada disfuncional para gestionar los problemas de autoestima, emocionales y de enfrentamiento relacional típicos de la adolescencia, pero más relevantes aún en quienes sufren ese tipo de trastornos.

No olvidemos, sin embargo, que la cohesión y la adhesión al grupo de referencia también pueden convertirse en un recurso terapéutico importante si se consigue orientar fuertemente al grupo hacia los resultados terapéuticos compartidos, creando una especie de equipo que, como conjunto de personas, funciona mejor que un individuo solo a la hora de alcanzar objetivos difíciles (Loriedo, 2013). También para esto se requiere, como ya hemos dicho, una gran capacidad por parte de quien gestiona el grupo de influir en él y encaminarlo hacia la curación y no hacia el mantenimiento del trastorno. El carisma y las dotes persuasivas del psicoterapeuta son realmente fundamentales en estos casos.

Sobre la base de observaciones que son el fruto de una atenta y rigurosa experimentación clínica, hemos conseguido formalizar un protocolo de tratamiento específico para la anorexia juvenil, cuyo objetivo es romper la rigidez de la situación patológica desde el primer encuentro con la paciente y su familia, gracias a la aplicación de estratagemas terapéuticas específicas y a una comunicación sugestiva y evocadora construida ad hoc. Una vez quebrado el resistente mecanismo del trastorno, se orienta a la joven paciente a construir un equilibrio estable, basado en la satisfacción por la comida y por el propio aspecto, y en la confianza en los propios recursos.

Como veremos más detalladamente, si el tratamiento funciona, se observa de inmediato un desbloqueo de la restricción alimentaria o de las otras variantes del trastorno, como el vómito o el *binge eating*, seguido de una lenta y progresiva adquisición de nuevas modalidades funcionales de percepción de sí mismo, en la relación con el propio cuerpo y con los demás, y de gestión de las emociones, paralelamente a la recuperación del peso corporal. Todo esto va acompañado de una modificación de las dinámicas familiares disfuncionales.

Los *follow up* de control en estos casos se realizan unos dos años después de la desaparición real del trastorno y son un auténtico componente de la terapia, necesario para consolidar los resultados obtenidos y lograr que persistan en su evolución.

Nos gusta definir este tratamiento como una psicoterapia breve a largo plazo.

3. Comprender el trastorno

Antes de exponer el modelo de terapia formulado, creemos necesario presentar un panorama del trastorno, destacando las características, variantes y los síntomas más frecuentemente asociados a él.

Anorexia juvenil pura

El cuadro clínico se presenta con una fuerte restricción alimentaria tanto respecto a la cantidad como a la calidad de los alimentos, a menudo enmascarada en las fases iniciales por una opción ideológica de preocupación por la salud o vegetariana. El resultado es una importante pérdida de peso[1] conseguida casi siempre en muy poco tiempo. En este tipo de trastorno no existe compulsión por el ejercicio físico, porque la musculatura también es objeto de rechazo: el ideal es el cuerpo filiforme. La obsesión es la delgadez asociada al terror a estar gordas o gruesas. Con el paso del tiempo, el valor de uno mismo se juzga cada vez más según lo que indican la báscula y el espejo.

---

1   El criterio diagnóstico del peso es el centro de un vivo debate, porque en los sujetos en edad de desarrollo, además de la pérdida de peso, puede darse la incapacidad de alcanzar el peso previsto o de mantener una trayectoria de desarrollo normal. Por este motivo, se utilizan cada vez más los percentiles de ICM (índice de masa corporal, calculado como peso en kilos/altura en metros al cuadrado), que permiten la interpretación de los valores del ICM en los distintos grupos de edad.

La anorexia juvenil

Algunas jóvenes se ven gordas en todo el cuerpo; otras, aun admitiendo un estado global de delgadez, consideran horriblemente gordas algunas partes, generalmente el abdomen, las caderas, los glúteos, los muslos. En la mayoría de los casos el cuerpo se percibe con una profunda vergüenza y con la preocupación de lo que puedan pensar los demás de su aspecto. Muchas chicas no permiten que las miren o las toquen, y ellas mismas evitan mirarse; otras, en cambio, controlan continuamente su estado físico delante del espejo. Casi ninguna se pone bañador, o vestidos ajustados o que dejen al descubierto las partes que se consideran «demasiado gruesas»; casi todas evitan la playa o la piscina. Críticas con ellas mismas, estas anoréxicas tienden sistemáticamente a sobrevalorar a los demás y a infravalorarse a sí mismas, ya que se consideran inadecuadas en el plano personal y social, sobre todo en las relaciones con los jóvenes de su edad.

En cuanto a las relaciones personales, se observa un apartamiento social progresivo para evitar el riesgo de situaciones de comidas en las que podría producirse la pérdida de control de la restricción alimentaria. Es una conducta que tiende luego a radicalizarse hasta llegar a negarse a comer en presencia de otras personas, incluida la familia. El fenómeno paradójico que sorprende a los no expertos y que bloquea a los familiares es la progresiva dispercepción[2] corporal que se crea paralelamente a la pérdida de peso, es decir, que «cuanto más adelgazan, más gordas o gruesas se ven», como si se pusieran lentes de aumento. La autopercepción deformada aumenta todavía más la restricción alimentaria y resulta a su vez aumentada, en un círculo vicioso patológico que puede provocar los desenlaces más funestos.

2   La literatura sobre la distorsión de la imagen corporal es bastante amplia e incluye distintas tesis explicativas. Desde hace tiempo, los estudiosos se han preguntado qué indicaba esa dispercepción tan extravagante, si era el resultado de la desnutrición y de la alteración metabólica y si era necesario modificarla para que pudiera producirse la curación. En los últimos años, se dispone, además, de investigaciones neuropsicológicas y de neurociencia; sin embargo, no se ha conseguido una explicación exhaustiva del fenómeno.

3. Comprender el trastorno

Esta dinámica perceptiva y conductual va acompañada de otra más sutil y por ello más potente aún: cualquier forma de placer es percibida como una situación de pérdida de control peligrosa. Al principio esto solo ocurre con la comida, pero poco después las jóvenes anoréxicas tienden a evitar todo lo que pueda turbar su *celestial* equilibrio, hasta el punto de reprimir incluso los impulsos eróticos naturales propios de la primera adolescencia. En cambio, son sumamente diligentes en todo aquello que supone obligación y compromiso, ámbito en el que son bastante competitivas: quieren ser las mejores de la clase y las más cumplidoras, hasta el punto de que llevan al exceso su dedicación al estudio suprimiendo cualquier otra actividad, reduciendo incluso las horas de sueño, hasta derrumbarse física y mentalmente. De hecho, una de las características de las fases avanzadas de pérdida de peso es la reducción de la capacidad de concentración hasta el punto de que el simple hecho de leer o de escuchar produce una extrema fatiga. En las formas más severas, el abandono de los estudios es casi inevitable. Las modalidades cognitivas se anquilosan al empeorar la patología, el pensamiento se torna dicotómico (o blanco o negro), sin alternativas. El perfeccionismo en las áreas de interés las lleva a vivir todo lo que está un poco por debajo de la imperfección como una especie de fracaso, al mismo tiempo refuerza el bajo concepto de sí mismas y las hace evitar las situaciones que no pueden gestionar del mejor modo posible. Todo esto hace que la patología se estructure como una forma rígida e inmodificable de percibir la realidad y de reaccionar ante ella con pensamientos y acciones igualmente exasperados.

La anorexia es una armadura para defenderse que se transforma en una prisión de la que la joven no podrá evadirse por sí sola: las remisiones espontáneas son realmente muy raras y, si se observan detenidamente, se ve que ha ocurrido algo en la vida de las muchachas que ha alterado terapéuticamente el rígido equilibrio patológico.

Dada una situación clínica tan compleja, parecería obvio que la terapia fuera igualmente complicada: esta es, en realidad, la deducción lógica lineal que durante décadas ha hecho que se pongan en práctica formas de tratamiento a veces más complejas aún que la propia patología, y con resultados realmente poco alentadores. La lógica formal no lineal, así como la experiencia clínica, muestra en cambio que la solución terapéutica mejor para un problema clínico complejo es una intervención aparentemente sencilla, pero dirigida a la ruptura inmediata de los rígidos esquemas psicológicos y relacionales que alimentan la patología.

Anorexia juvenil con *exercising*

Entre las conductas patológicas, esta variante del trastorno alimentario juvenil se caracteriza por la compulsión al movimiento para quemar calorías como complemento de la restricción alimentaria. Esa solución intentada para evitar el riesgo de aumentar de peso comiendo, o para continuar perdiéndolo con el mismo régimen alimentario, puede llegar a ser tan generalizada que domine incluso sobre la sintomatología de la restricción de comida.

De hecho, en ocasiones las anoréxicas de este tipo aceptan sin oponer excesiva resistencia el incremento de comida, pero no la reducción de la actividad motriz. Es frecuente que estas jóvenes no estén nunca quietas y aprovechen cualquier ocasión para moverse y quemar calorías; suben y bajan escaleras, caminan sin parar durante horas y repiten centenares de veces ejercicios fatigosos, especialmente los que se hacen para reducir la barriga. La actividad física dominante es de tipo aeróbico, disfrazada en ocasiones de práctica que requiere un entrenamiento duro, como los deportes de resistencia o el baile. Se trata de un cuadro de obsesión compulsiva invalidante que, llevado al extremo, no permite hacer otra cosa que luchar constantemente contra el miedo a engordar quemando calorías con el movimiento. El exceso de ejercicio provoca a menudo lesiones, como tendinitis, gonalgias, fascitis y lesiones musculares, que, sin embargo, no frenan a las anoréxicas.

A este respecto, vamos a recordar un caso típico en el que se pidió una supervisión por parte de un colega que trabajaba en un

3. Comprender el trastorno

hospital californiano especializado en el tratamiento de la anorexia. Se trataba de una joven ingresada porque había llegado al peligroso peso de 33 kilos y que, pese a haber aceptado alimentarse hasta ingerir más de 2000 kilocalorías diarias, misteriosamente no aumentaba de peso. Se le preguntó al colega si la joven practicaba actividad física o cualquier otro tipo de compensación, como la ingesta de laxantes o el vómito. Respondió que estaba controlada durante todo el día y que no se había detectado ninguna de estas prácticas. Se le preguntó entonces si habían comprobado lo que hacía de noche. Y entonces se desveló el misterio: la joven se pasaba la noche subiendo y bajando la escalera de incendios del hospital.

Como se deduce de este ejemplo, estos casos demuestran una fuerte resistencia a la hora de llevar a cabo lo que consideran de importancia fundamental para mantener la forma física que les proporciona seguridad. Aunque la mayoría de los clínicos y de los modelos de tratamiento de los trastornos alimentarios consideran la hiperactividad un síntoma destacado pero inespecífico, y una mera manifestación del deseo de adelgazar o de no engordar, nosotros, coincidiendo con algunos autores (Dalle Grave, 2015), creemos que se trata de un factor específico determinante en el mantenimiento y en el agravamiento del problema alimentario y que, por consiguiente, requiere una terapia parcialmente diferente a la aplicada a los casos de anorexia juvenil pura. Corroboran las evidencias clínicas los resultados de algunos estudios realizados en el mundo animal, que han demostrado que el exceso de actividad física puede inducir a dejar de comer incluso si la comida es abundante: es decir, se comprueba la existencia de un círculo vicioso, por el que, cuanto más aumentan los niveles de movimiento, más disminuyen las ganas de comer, lo que a su vez lleva, por medio de mecanismos biológicos, a aumentar los niveles de movimiento.

Resulta, pues, evidente que en la anorexia con *exercising* el simple restablecimiento de una alimentación adecuada no supone la curación, sino tan solo una mejora del estado patológico, conseguida con el proceso terapéutico ya expuesto en el capítulo anterior.

La anorexia juvenil

Anorexia juvenil con *binge eating*

Más de dos tercios de las jóvenes anoréxicas no consigue mantener la restricción alimentaria y cede a la tentación de comer, dejándose llevar por el deseo de los alimentos que mayoritariamente se han prohibido. Cuanto esto ocurre, resulta devastador para quien ha hecho de su capacidad de abstenerse de comer, sobre todo los alimentos *más buenos,* el pilar de su conducta a través del control de los propios *impulsos demasiado humanos.* No obstante, en los días siguientes a la caída en los infiernos de la pérdida de control, a estas jóvenes les parece que restringir todavía más la aportación nutritiva es una buena solución y, de hecho, la practican con mucha frecuencia.

Pero, como descubren muy pronto las fallidas *santas abstinentes,* esta *razonable* estrategia para recuperar el control sobre la comida-demonio tentador conduce a una nueva trampa: una especie de perversa secuencia de alternancia de restricción alimentaria y atracones, en la que el atracón obliga a una mayor restricción, que induce a una nueva pérdida del control alimentario. Una cosa sostiene a la otra, en una perfecta complementariedad patológica. La anorexia se contagia así del *binge eating,* y se origina un trastorno caracterizado por periodos de un control maníaco de la comida seguidos de tremendos atracones que pueden durar días enteros. Estos individuos son capaces de comer tanto que luego deben estar en reposo durante horas, como una serpiente que se ha tragado una gran presa, hasta lograr digerir la cantidad de comida.

No obstante, en el caso de la anorexia juvenil con *binge eating,* la situación generalmente no deriva del todo en el cuadro clásico de la patología de alimentación incontrolada, sino que se mantiene en la fase de alternancia entre abstinencia y pérdidas de control, raramente tan extremas. Ahora bien, para una anoréxica restrictiva, incluso el hecho de haber comido algo no permitido constituye un atracón que hay que reparar. Eso significa que la sintomatología dominante sigue siendo la restricción, aunque ya no del todo lograda. Por supuesto, si el trastorno no es tratado y superado, la mayoría de las veces evoluciona hacia la estructuración del *binge eating* clásico o del *vomiting*.

Hay que destacar, sin embargo, que, cuando se consigue intervenir a tiempo, se utiliza el hecho de que la joven ha perdido el control sobre la restricción alimentaria como una importante palanca ventajosa para el tratamiento terapéutico.

Anorexia juvenil con *vomiting*

Como ya se ha expuesto en otras obras (Nardone et al., 1999; Nardone, 2003; Nardone y Selekman, 2011), esta variante representa la evolución más frecuente de la patología y corre el riesgo de transformarse en un trastorno más complejo aún, invalidante y peligroso para la vida de la paciente. El vómito autoinducido provoca un desequilibrio electrolítico, que es la causa más frecuente de mortalidad en los trastornos alimentarios.

La conducta patológica deriva inicialmente del deseo *razonable* de compensar el hecho de haber comido más de lo debido, y hay que tener en cuenta que para una anoréxica restrictiva comer más de lo necesario puede ser una insignificancia alimentaria de más o la sensación de hinchazón. Luego, generalmente, puesto que con el vómito se tiene la sensación de poner un *remedio* eficaz al hecho de haber comido en exceso, el sujeto se permite transgredir la rígida dieta y se aficiona cada vez más a ello. Pasa de ser artífice a víctima de la compulsión a comer y a vomitar, aumentando cada vez más las dosis de comida y la frecuencia de los atracones seguidos del vómito. Los casos más graves llegan a pasar días enteros atracándose y vomitando (Nardone et al., 1999; Nardone y Selekman, 2011).

En otras palabras, el vómito pasa de ser una *buena solución* para no engordar comiendo o para seguir adelgazando alimentándose a una forma de compulsión irrefrenable, porque es extraordinariamente satisfactorio, hasta el punto de ser considerado el placer más sublime.

El deseo del atracón acaba monopolizando el pensamiento de las jóvenes pacientes y la búsqueda deliberada del momento en que llevarlo a cabo puede hacer que renuncien a salir con los amigos, a practicar actividades extraescolares o a ausentarse de la escuela a escondidas de sus padres. Por lo general, las familias intentan controlar la frecuencia y la intensidad de los episodios escondiendo la comida, pero pronto descubren que no hay escondite seguro y que en casa cualquier tipo de alimento, incluso los congelados o el pan seco, puede ser considerado comestible. Las pacientes incluso salen de casa con la intención de elegir lo que van a comer y a vomitar y, cuando no tienen dinero, pueden llegar a robar en las tiendas, aunque sean personas normalmente generosas y socialmente serviciales.

No tiene nada que ver con las conductas autodestructivas puestas de relieve por distintos autores (Zerbe, 2008; Levitt et al., 2004; Waller, 1992), sino que es una búsqueda deliberada de placer transgresivo, que tiene un efecto destructivo y no una intención destructiva. Precisamente es esta característica intrínseca lo que lo convierte en el trastorno alimentario más resistente.

En la práctica clínica se observan dos estadios distintos del trastorno:

- la joven anoréxica vomita porque cree que ha comido demasiado y, en este caso, el vómito es el remedio;
- la joven se da un atracón para después vomitar y, en este caso, el vómito es la parte final del rito placentero.

Puede que esto sorprenda al lector, pero, como decía Francis Bacon, «el límite entre el placer y el disgusto es muy sutil». Por lo general, la primera variante se transforma en la segunda en unos pocos meses, si los episodios de vómito se intensifican hasta llegar a ser diarios. Si se logra intervenir en la primera fase de formación del trastorno, cuando la percepción anoréxica todavía domina, la desaparición de la compulsión al vómito resulta mucho más fácil y menos costosa tanto para la paciente como para el terapeuta. En cambio, si se ha entrado ya de lleno en la segunda fase, la terapia se convierte en un

3. Comprender el trastorno

ejercicio funambulesco, tanto por el tipo de relación y comunicación que hay que mantener con estos casos difíciles de gestionar –se trata de pacientes a veces provocadoras y seductoras, a veces rechazadoras y recalcitrantes– como por los recursos terapéuticos que hay que utilizar para romper el círculo vicioso de la patología fuertemente estructurado.

Hace más de veinte años que nos enfrentamos a este tipo de trastorno y hemos formalizado un tratamiento específico con variantes terapéuticas que se adaptan a las distintas características de la patología y de las pacientes.

Anorexia juvenil con autolesiones

Otra variante del trastorno, asociada a menudo al *vomiting* (Nardone y Selekman, 2011), es la que presenta una conducta autolesiva, como cortarse con cuchillos, navajas y otros objetos afilados, lesionarse con agujas y hojas de afeitar, quemarse con cigarrillos, fósforos y rozamiento, arañarse con las uñas, golpearse, pellizcarse hasta sangrar y arrancarse pelos y piel. No son actos que tiendan a la autodestructividad o que sean fruto de una intención suicida (Favara, Ferrara y Santnastaso, 2004), sino que tienen una función calmante de los estados emocionales negativos, como el aumento de tensión, el aburrimiento, la ansiedad, el dolor, o bien representan la búsqueda de un placer sutil. No es casual que estos actos se realicen en momentos de crisis para descargar la tensión mediante la sensación de dolor que calma la emoción: pocas prácticas son tan eficaces para acabar con el estado de sufrimiento emocional. O también estas prácticas pueden constituir una búsqueda deliberada de la emoción producida por el acto doloroso que, si es repetido, se transforma en una forma de placer. Puede parecer un efecto contra natura, pero en realidad es justamente nuestra fisiología, al menos en parte, la que hace que una pequeña tortura repetida en el tiempo se transforme en algo placentero. Las conductas masoquistas constituyen una práctica conocida desde la Antigüedad.

La anorexia juvenil

Conviene saber que, desde un punto de vista epidemiológico, la conducta autolesiva sin intenciones suicidas en más del 70 por ciento de los casos está asociada al trastorno alimentario anoréxico, hasta el punto de considerarlo un síntoma común de las formas más severas de esta patología (Selekman, 2005, 2009).

Gracias a la investigación-intervención en esta área clínica, hemos implementado con los años una estrategia terapéutica específica que en la mayoría de los casos ha de acompañar a las que se utilizan para el tratamiento de la anorexia juvenil pura o de alguna de sus variantes, especialmente el *vomiting* y la multisintomática.

Anorexia juvenil con *purging*

Algunas de las conductas patológicas relacionadas con la anorexia más conocidas y citadas son el uso de laxantes, de lavativas y otras prácticas para facilitar la evacuación intestinal, así como la ingesta de diuréticos. Actualmente, ha disminuido respecto a las últimas décadas la frecuencia del uso de laxantes, tal vez porque se conocen los efectos secundarios, y en cambio ha aumentado el uso de lavativas a base de agua o sustancias como la camomila o similares, entre otras cosas por la convicción de que esta práctica ayuda a depurar el intestino y carece de efectos perjudiciales para la salud. El abuso de preparados diuréticos es cada vez más frecuente; además, se rebaja la edad en que se empieza a utilizarlos. Se asocian a esta práctica un tipo de alimentación exótico o diversas dietas de origen oriental.

Estas conductas, como ya hemos señalado, muchas veces son la antesala, si es que no la puerta de acceso, del trastorno alimentario restrictivo o de su variante ortoréxica, esto es, la fijación por los alimentos considerados sanos y la evitación fóbica de los insanos. La mayoría de las veces este cuadro evoluciona hacia la anorexia mental.

Aunque la mayoría de los laxantes actúa en el intestino grueso y no en el intestino delgado, que es donde se produce realmente la

3. Comprender el trastorno

absorción del alimento, la creencia en sus efectos adelgazantes, por desgracia, todavía está muy extendida. El auténtico problema, desde el punto de vista clínico, es que la reiteración de esta práctica tiende a estructurar una dependencia más psicológica que fisiológica, de modo que a la joven anoréxica le proporciona tranquilidad, pese a la evidencia de que apenas ayuda a adelgazar.

El uso de lavativas y similares, si se va repitiendo, tiene otro efecto imperceptible pero influyente: la estimulación de mucosas sensibles tiende a estructurar compulsiones transgresivas agradables, difíciles de eliminar. Los preparados diuréticos, utilizados siempre en exceso por las anoréxicas, a menudo con la clara intención de eliminar toxinas, también tienen un efecto engañoso: al facilitar la diuresis crean la impresión de perder peso y por esta razón las jóvenes pacientes no están dispuestas a prescindir de ellos. Estos dos efectos unidos determinan el éxito de estas prácticas asociadas a la conducta alimentaria restrictiva y, al mismo tiempo, demuestran su peligrosidad real.

Hay que destacar que con excesiva frecuencia se infravaloran las consecuencias de estas conductas no solo por parte de los familiares, sino también de los especialistas, que en ocasiones sugieren incluso el uso de remedios similares o no insisten demasiado en el abandono de esta práctica. En nuestra experiencia clínica y de investigación hemos observado, en cambio, que es un hecho extraordinariamente importante, porque estas conductas disfuncionales no son elementos secundarios del trastorno alimentario, sino potentes factores autónomos de mantenimiento y agravamiento de la propia patología.

Anorexia juvenil con ingesta de sustancias químicas

En este caso no se trata de una variante, sino de una forma de conducta patológica peligrosa, que se añade con frecuencia al trastorno alimentario restrictivo, con *vomiting* o multisintomático. La ingesta de sustancias químicas, como el jarabe de ipecacuana[3] para inducir el vómito, drogas como anfetaminas y derivados, fármacos o preparados anorexígenos que, mediante procesos inhibitorios, permiten no sentir hambre, es un fenómeno preocupante por la enorme difusión de las drogas en franjas de edad cada vez más jóvenes y por la facilidad para acceder a través de internet a productos prohibidos a los menores en los mercados tradicionales. En las dos últimas décadas, se ha observado un claro aumento del recurso químico en quienes creen que no conseguirán mantener la forma física deseada únicamente con la restricción, el vómito y el *exercising*. Respecto a las drogas ilegales, las más demandadas son los hiperestimulantes, como las anfetaminas y sus derivados, porque permiten mantenerse activos sin sentir cansancio ni hambre.

En cuanto a los fármacos anorexígenos, es sorprendente que se prescriban a pacientes que afirman que no consiguen mantenerse a dieta y que tienen un ligero sobrepeso, sin evaluar los efectos peligrosos de falta de control de la comida y posible estructuración del trastorno anoréxico, del que son un componente esencial. Otro aspecto preocupante es que a menudo estas sustancias son objeto de una especie de mercado negro en gimnasios y centros de adelgazamiento, donde se venden incluso en forma de medicamentos galénicos a precios exorbitantes. Por supuesto, el que trafica con estos productos se convierte en un verdadero *pusher* que se enriquece induciendo a una dependencia real química y psicológica, en la que una joven que pretende adelgazar sin conseguirlo puede caer con facilidad. Por último, algunos psicofármacos, como el topiramato, parece que provocan una reducción del peso, motivo por el que un número no irrelevante de jóvenes anoréxicas intenta que se lo receten. Si después no se atienen a las dosis terapéuticas, pueden verse afectadas de graves problemas de salud.

---

3   El consumo prolongado de ipecacuana produce una miopatía que ataca los músculos estriados, incluido el corazón. El jarabe de ipecacuana contiene emetina, sustancia cardiotóxica que puede provocar una muerte súbita. El jarabe de ipecacuana es hepatotóxico y provoca debilidad de la musculatura periférica.

3. Comprender el trastorno

La psicofarmacología aplicada a los trastornos alimentarios,[4] especialmente cuando afectan a niños y adolescentes menores de 18 años, resulta muy poco eficaz, hasta el punto de que hasta el día de hoy no se ha aprobado ningún compuesto para la farmacoterapia de la anorexia, y solo la fluoxetina ha obtenido el consenso de la Food and Drug Administration para el tratamiento de la bulimia (Steffen, Roering y Mitchell, 2009; Faravelli, 2010; NCCMH, 2004; Dalle Grave, 2015).

En conclusión, lo importante es que, cuando en una paciente se detecta el consumo y abuso de sustancias y fármacos, hay que intervenir con un proceso de desintoxicación fisiológica paralelo al trabajo de liberación de la dependencia psicológica que esa ingesta reiterada induce, para optimizar los resultados del tratamiento del trastorno alimentario.

Anorexia juvenil multisintomática y/o trastorno *borderline* de personalidad

En la práctica clínica diaria de los trastornos alimentarios, además de las formas ya descritas de anorexia juvenil, es frecuente encontrarse con casos que presentan más de una variante del trastorno, además de la pura restricción alimentaria. En otras palabras, son muchos los pacientes que han manifestado todas las conductas patológicas relacionadas con la comida, alternándolas a lo largo del tiempo. Parece casi una especie de experimentación en busca del método mejor para no engordar o para adelgazar. Se observa en los casos en que el trastorno, aunque la paciente sea muy joven, tiene ya una larga

---

4 La mayor parte de los resultados de las investigaciones en el campo farmacológico para la cura de los trastornos alimentarios procede de estudios efectuados sobre muestras de pacientes adultos, por esto presentan importantes limitaciones. Son bien conocidas las diferencias farmacocinéticas entre adultos y niños/adolescentes, que hacen que los procesos de absorción, metabolismo, distribución y eliminación de las sustancias cambien considerablemente según la edad.

historia, porque cuando se consigue una pronta intervención en el trastorno alimentario, este presenta preferentemente formas menos variadas u oligosintomáticas. No obstante, también las anoréxicas con una larga trayectoria, aunque sean todavía adolescentes, tras haber experimentado varias formas disfuncionales de gestión de la comida y del propio cuerpo, tienden a adoptar la que les resulta más funcional para el equilibrio patológico. Eso significa que una de las variantes patológicas asociadas a la restricción alimentaria se vuelve dominante: las que evolucionan al *vomiting* mantienen los atracones y el vómito como prácticas dominantes; las que cambian al *binge eating* alternan atracones y restricciones alimentarias como modalidades principales; las que están asociadas al *exercising* se centran en la exasperación de la actividad motriz.

Se trata de un descubrimiento importante desde el punto de vista clínico, porque orienta la intervención terapéutica, que deberá tener como objetivo bloquear justamente la manifestación dominante del trastorno, ya que esta es la que constituye la arquitectura de la persistencia y del agravamiento de la enfermedad. Esa estrategia es fundamental para efectuar cambios terapéuticos rápidos y radicales en las patologías basadas en rígidas formas de control o en compulsiones irrefrenables porque, mediante estratagemas dirigidas a interrumpir el juego perverso de la sintomatología dominante, se produce un auténtico efecto avalancha, que arrastra consigo todo el mecanismo patológico.

Para acabar con la descripción de las distintas variantes en que puede presentarse el trastorno alimentario en la adolescencia, no podemos olvidar que la literatura especializada asocia frecuentemente el trastorno *borderline* de personalidad con la patología alimentaria, especialmente en lo que respecta al *vomiting*, la anorexia con autolesiones o con consumo de drogas y/o sustancias. En las formas más severas encontramos incluso un cuadro polisintomático, en el que los atracones frecuentes seguidos de vómito van acompañados de conductas autolesivas, que llegan incluso a amenazas de suicidio, consumo y abuso de drogas o alcohol, cleptomanía, promiscuidad

3. Comprender el trastorno

sexual y otras conductas impulsivas, hasta el punto de que muchos estudiosos suponen la existencia en estos casos de un déficit general de control de los impulsos (Lacey y Evans, 1986; Costa et al., 2011; Wonderlich, 2002; Safer et al., 2011) y la presencia de un trastorno *borderline* de personalidad, un cuadro nosográfico que, sin embargo, es objeto de críticas. En primer lugar, el propio constructo de trastorno de personalidad no está universalmente reconocido; en segundo lugar, no existe una definición unívoca de los criterios exigidos para un diagnóstico de *borderline*. Además, tomando como referencia las clasificaciones internacionales del DSM-5 y del ICD, no sería posible diagnosticar un trastorno de personalidad hasta el comienzo de la edad adulta o, al menos, hasta los 18 años, mientras que en la práctica clínica y en los libros es frecuente asociar determinado porcentaje de casos de patología alimentaria con el trastorno de personalidad de tipo *borderline*.

La evidencia clínica viene dada por los plurisíntomas característicos de estas pacientes que, además de las conductas alimentarias disfuncionales, presentan una elevada y profunda inestabilidad afectiva, de la propia imagen y de las relaciones interpersonales –con oscilaciones entre los extremos de la idealización y de la subestimación de sí mismas y de los demás–, dificultades para controlar la rabia y los impulsos, sentimientos crónicos de vacío y hastío. Estas jóvenes tienen grandes dificultades para establecer objetivos y mantenerlos; y esto, unido a la notable reactividad del humor, limita fuertemente la construcción de un sentido integrado del sí mismo.

Muchos autores plantean la hipótesis de que el trastorno *borderline* de personalidad es el trasfondo patológico sobre el que se asienta el desorden alimentario, estableciendo así un mayor nivel de gravedad en los síntomas y en la prognosis. En cambio, a nosotros nos parece verosímil que, al menos en la mayoría de los casos, sea el trastorno alimentario el que, habiendo aparecido en una edad en la que una de las tareas fundamentales del desarrollo es justamente la estructuración de un sentido de identidad estable y distinto del infantil, al prolongarse en el tiempo y cronificarse, pueda dar lugar al cuadro *borderline*. En cualquier caso, muchos estudiosos ponen de relieve que la restricción alimentaria y las conductas disfuncionales vinculadas con la comida pueden alterar el funcionamiento de la personalidad (Dalle Grave, 2015; Keys et al., 1950; Nardone et al., 1999; Lilenfeld, 2004). Como prueba de ello puede aducirse que esos pacientes, una vez curado el trastorno alimentario, ya no presentan las características necesarias para poder formular el diagnóstico de trastorno *borderline* (Nardone y Selekman, 2011; Dalle Grave, 2015).

4. El tratamiento terapéutico

Romper los esquemas de la anorexia juvenil

Cuando nos encontramos ante una patología psíquica y conductual peligrosa como la anorexia, es fundamental intervenir rápidamente para detener su funesta evolución. Hay que tener en cuenta que, además del ya mencionado porcentaje de mortalidad, el hecho de mantener un persistente subpeso y de causarse un grave estrés fisiológico produce daños a veces irreversibles a los principales órganos internos. Por consiguiente, el primer objetivo ha de ser interrumpir el círculo vicioso que permite la subsistencia del problema.

Hay que insistir en ello, aunque parezca obvio, porque la oferta de terapias relacionadas con la anorexia todavía presenta muchas veces la idea dogmática de que, para superar una patología tan profundamente arraigada, es necesario ahondar en sus «causas profundas», en vez de enfrentarse inmediatamente a su peligrosa sintomatología. Este es un enfoque muy arriesgado cuando se trata de jóvenes con un grave subpeso y que realizan acciones con efectos lesivos importantes, como el ejercicio físico excesivo, el hecho de comer y vomitar, y conductas directamente autolesivas. En el plano teórico-práctico no se sostiene la distinción entre causas originarias y síntomas que, si bien halla una explicación en los enfoques de tipo psicodinámico, es muy poco adecuada para todas aquellas patologías en las que la sintomatología corresponde al trastorno y el trastorno tiene causas y evoluciones evidentes, sin que sea necesario desvelar la existencia de algo misterioso y subyacente.

Una vez aclarado esto, podemos pasar a exponer la primera fase de un tratamiento eficaz y eficiente de la anorexia juvenil.

El primer encuentro con la paciente y su familia constituye la fase decisiva para el resultado de la terapia; en efecto, en la primera sesión casi siempre nos jugamos la posibilidad de llevar a cabo la intervención, porque, además, en la mayoría de los casos las jóvenes candidatas a pacientes se muestran claramente reacias a ser *curadas*, ya que creen que están persiguiendo su *objetivo correcto*. Por esto, en el primer encuentro hay que conseguir convencerlas de la necesidad de curarse para superar un estado de patología, que ellas consideran en cambio un estado de gracia o un camino para alcanzarlo. Además, hay que aplicar las técnicas que pueden provocar de inmediato el cambio de la situación tanto respecto a la dinámica familiar cómplice del problema, como a las percepciones y a la conducta de la joven en relación con la comida y con su propio cuerpo.

Estructura de la primera sesión
Las primeras frases del encuentro terapéutico van dirigidas a la *investigación sobre el trastorno*. Esta se realiza mediante una serie de preguntas discriminantes, que pretenden identificar con precisión el tipo de trastorno alimentario anoréxico, y de paráfrasis que confirman los datos cognitivos y diagnósticos. La segunda técnica, basada en el resumen de las respuestas dadas proporcionando valoraciones y buscando el acuerdo con los interlocutores, también es un instrumento para crear una relación terapéutica efectiva.

Una vez identificado el tipo de problema, se procede a la siguiente maniobra terapéutica, que consiste en una *reestructuración de la responsabilidad de los padres* respecto a la salud de la hija y a su posible empeoramiento, incluyendo la evolución más infausta. De este modo, se convierte a los padres en tutores efectivos del bienestar de la hija menor de edad –que normalmente en estos casos los tiene secuestrados y los obliga a ceder a sus chantajes accediendo a sus peticiones– y se los fuerza a ejercer de forma efectiva su responsabilidad sin posibilidad

4. El tratamiento terapéutico

de escape. Es la manera de devolverles el poder de gestionar a su hija y evitar la culpa de sentirse cómplices de su peligrosa patología.

Tras haber redefinido la dinámica familiar, se acuerda con los padres que, si la hija continúa perdiendo peso hasta llegar a una situación de riesgo real, que varía de una persona a otra, deben llevarla de inmediato a urgencias para someterla a alimentación forzosa. Con esto nos dirigimos también directamente a la paciente y le decimos lo que ocurrirá en este caso utilizando *la imagen muy evocadora* del «te pondrán una sonda en la nariz y te hincharán como un globo». Técnica sugestiva que se repite varias veces para que el efecto sea redundante. Es como hacer la profecía de lo que la joven anoréxica querría evitar, esto es, ser forzada a recuperar peso rápidamente.

Tras haber creado un nuevo ambiente tanto para los padres como para la hija, que se ha convertido en rehén de sus propios actos y de la inevitable reacción de los padres atrapados en su responsabilidad, la sesión continúa proponiendo una especie de *ilusión de alternativa:* «Puedes evitar todo esto si accedes a recuperar gradualmente medio kilo por semana, no más... De lo contrario, te espera la sonda que te hinchará como un globo y recuperarás muchos kilos de golpe. Por supuesto, puedes pensar que después empezarás de nuevo, pero volverás a encontrarte con la sonda y volverán a hincharte como un globo... En cambio, si aceptas recuperar lenta y gradualmente un kilo a la semana, podemos planificar cómo hacerlo hasta que llegues a tu peso ideal y sin engordar ni un gramo más».

Todo esto se llama técnicamente «doble vínculo terapéutico» y es una técnica eficaz para convertir lo inaceptable en aceptable. Tras haber dado este paso crucial y cuando la joven muestra una actitud resignada y sumisa, se cambia completamente el registro comunicativo y relacional y se le propone directamente un *diálogo sugestivo* sobre lo que le gustaría mucho comer, *como si los alimentos que desea no engordaran.* Se le pide que redacte una especie de *top ten,* utilizando para cada alimento *imágenes muy evocadoras del placer de la degustación.* Esa técnica es una estrategia para despertar y provocar el sentido del placer de la comida que había sido negado.

Tras haber tomado la *fortaleza* de las resistencias al cambio de la joven anoréxica, se pasa a *negociar de manera detallada, plato a plato, todo lo que tendrá que comer durante la siguiente semana:* es indispensable transformar en acción lo que se ha establecido durante el coloquio clínico, para que los efectos terapéuticos puedan concretarse.

Finalmente, se establece un nuevo e inevitable acuerdo sobre el hecho de que *los padres deberán permanecer sentados a la mesa con la hija sin hablar de comida y sin forzarla* en absoluto hasta acabar la comida; además, al menos uno de los dos permanecerá a su lado durante otra hora, también en silencio, para prevenir el vómito o el *exercising* inmediatos.

Lo que viene a continuación es la transcripción literal de la primera sesión de un caso real.

Ejemplo explicativo de la primera sesión

Estoy frente a una jovencita anoréxica, sentada entre sus padres, que se mantiene en silencio y en actitud rígida. Desde hace dos meses se niega a comer otra cosa que no sea fruta, y, además, siempre en cantidades limitadas. En los seis últimos meses ha reducido progresivamente la alimentación y ha perdido más de 20 kilos. En la actualidad, pesa 33 y mide 169 centímetros: su vida corre serio peligro. Ha sido hospitalizada ya dos veces con alimentación forzosa, que la ha hecho engordar algún kilo, sistemáticamente *quemado* en pocos días después de la hospitalización.

Tras haber escuchado la historia del caso y de los esfuerzos realizados por resolverlo, pregunto a los padres si tienen suficientemente claro que, siendo su hija menor de edad, han de considerarse responsables de su salud y que, por consiguiente, serán culpables si le sucede alguna desgracia. La estratagema funciona también en este caso y la joven interviene diciendo que sus padres no tienen ninguna culpa, porque es ella la que no quiere comer. Le respondo: «Por supuesto, pero ellos con la mejor intención han provocado los peores resultados: estando a tu lado y secundando tus intenciones han permitido que se llegue a este punto». Ella insiste: «No, ¡todo

4. El tratamiento terapéutico

es culpa mía!». «¿Tuya o de tu trastorno?», le replico rápidamente. Sorprendida, responde: «De mi enfermedad». Y pregunto: «A ver si lo entiendo: si es tu enfermedad y no tú la que desea esto, ¿vamos a permitírselo o debemos combatirla?». «Debería combatirla, pero es más fuerte que yo», responde la joven. «Tal vez podría ayudarte a combatirla, si me lo permites». Y ella: «Me gustaría, pero no sé si seré capaz de hacerlo, porque tengo mucho miedo de engordar...». «De acuerdo. Nadie ha hablado de esto. Desde luego, si queremos salvarte, tenemos que lograr que recuperes tu peso, pero esto no significa engordar», insisto y ella asiente.

Como puede verse, ese intercambio verbal y no verbal rápido e intenso ha creado un contacto de colaboración donde antes había una resistencia decidida: la joven empieza a contemplar la idea de recuperar un *peso sano,* cosa antes inconcebible para ella, porque hacerlo significaba «engordar». Se ha podido llegar hasta este punto separando a la paciente de su enfermedad con las preguntas orientadoras.

«Bien, si no me equivoco, tenemos un enemigo común contra el que luchar: tu enfermedad, que hace que tengas miedo de comer y de engordar». Asiente de nuevo y yo prosigo: «He de advertirte de que no será indoloro ni fácil, pero, si me ayudas a ayudarte, lo conseguiremos».

Brota de sus ojos una lágrima mientras asiente. «Bien. Ahora voy a hacerte una pregunta realmente delicada», le digo, mirándola fijamente a los ojos. «¿Prefieres empezar a comer de nuevo de forma muy gradual eligiendo juntos los alimentos que puedes permitirte y recuperar no más de medio kilo a la semana, o bien, como se verán obligados a hacer tus padres por su condición de responsables directos, someterte de nuevo a alimentación forzosa, en esta ocasión de forma intensiva y recuperar muchos kilos rápidamente?». Insisto: «Es decir, ¿prefieres recuperar tu peso comiendo gradualmente lo que te gusta o llevar una sonda en la nariz que te hincha como un globo?».

La joven, como suele ocurrir en estas situaciones, elige la primera opción para evitar la segunda, mucho peor a sus ojos. Lo que antes era imposible es ahora posible gracias a un proceso de persuasión terapéutica: una paciente anoréxica restrictiva muy grave, gracias a un diálogo estratégico, acepta volver a comer y recuperar peso.

Tras este primer acuerdo fundamental, se procede a definir detalladamente lo que deberá comer la joven.

«Puesto que estamos de acuerdo en luchar contra nuestro enemigo, ahora debemos ponernos de acuerdo en lo que vamos a hacer con la comida; llegados a este punto, permite que te haga otra pregunta: si pudieses comer sin miedo, ¿qué es lo que más te gustaría comer? Vamos a hacer una clasificación de las cosas que más te gustan...».

La chica, con las pupilas dilatadas, signo de que se han activado los mecanismos del placer, declara: «¡La pizza!». Le replico: «¿La que es tierna y gruesa o la delgada y crujiente?» Ella: «Delgada y supercrujiente, que cruje entre los dientes». Yo la acoso: «¿Con *mozzarella* caliente que se deshace en hilos o con mucho tomate que se sale por los bordes?». «¡Con *mozzarella* que se deshace en hilos y quema!».

La evocación de imágenes de su comida favorita provoca auténtico placer en la muchacha. Las investigaciones demuestran (Doidge, 2015) que las visualizaciones dirigidas producen efectos sensoriales que no difieren de los reales. Es un potente vehículo de cambio, sobre todo cuando se trata de una persona que no puede concederse el placer por miedo.

Así que hemos redactado juntos la clasificación de los alimentos preferidos, para decidir luego también juntos por dónde empezamos para recuperar el hábito de comer sin engordar más de medio kilo por semana.

A los padres se les prescribe: «Corresponde a ustedes la importante tarea de preparar las comidas acordadas, presentándolas a la mesa y permaneciendo con su hija hasta que acabe de comer, sin hablar de su problema y sin insistir en que coma. Pero, repito, deben permanecer allí hasta que termine... Después, uno de ustedes se quedará con ella la siguiente hora hablando o realizando alguna actividad, como quitar la mesa...».

4. El tratamiento terapéutico

Segunda fase: de la segunda a la quinta sesión
Si la primera sesión ha sido realmente capaz de romper los rígidos esquemas individuales y relacionales que alimentaban el trastorno, en el segundo encuentro se pueden comprobar sus efectos significativos. En este caso, se observa de entrada un ambiente distinto, marcado por la actitud diferente de los padres, responsable y complacida, y una disposición distinta de la joven, más flexible y propicia al cambio.

La reanudación de la alimentación con el objetivo de recuperar peso gradualmente, asociada a la concesión de alimentos prohibidos incluidos en el plan nutricional acordado, y el hecho de comprobar que el peso aumenta solo en la medida convenida representan para la joven paciente una experiencia tranquilizadora y a la vez chocante. Además, el hecho de que sea otra persona la que asuma la responsabilidad hace que se sienta liberada del enorme peso que soportaba y que la obligaba a obsesionarse con el deber de controlar las tentaciones.

El cambio de escenario a menudo es tan llamativo que sorprende incluso al terapeuta más experto, que ante todo debe ocuparse de no estropear lo que ha ocurrido, puesto que este cambio, por radical que sea, ha de consolidarse y evolucionar hacia la curación real de la paciente.

Con este objetivo, en la segunda sesión, tras haber discutido y analizado al detalle los efectos de la intervención terapéutica, *se felicita a la paciente y a los padres* por haber conseguido afrontar con éxito una prueba tan dura atribuyéndoles todo el mérito –*ojo con aludir al talento del terapeuta*, porque sería la mejor manera de suscitar un boicot a la terapia casi inmediato–, pero al mismo tiempo *se enfrían los entusiasmos* declarando que, aunque el cambio es importante, representa solo el primer paso.

A continuación se afirma que el camino a la curación es difícil y presenta tramos peligrosos que exigen tenacidad, determinación y la aceptación de algún tropiezo doloroso al que habrá que reaccionar con mayor fuerza aún. De hecho, una de las trampas en el curso de la terapia es dormirse en los laureles del impresionante cambio terapéutico realizado, porque esto significa exponerse a las inexorables respuestas de la patología, que intentará ganar la partida por todos los medios. La anorexia supone un desafío terapéutico peliagudo por su resistencia, pero también, y sobre todo, por sus recaídas, a veces totalmente inesperadas, ya que el proceso terapéutico estaba funcionando muy bien.

Por estas razones, desde la segunda hasta generalmente la sexta sesión, *el objetivo terapéutico es mantener el rumbo* y lograr que la joven recupere, en los dos meses que suele durar el tratamiento, los 4-5 kilos previstos, acostumbrándose al nuevo equilibrio alimentario. A veces la progresión se atasca o, por el contrario, se acelera demasiado; en ambos casos es fundamental *revisar juntamente con la familia* cuál es la causa de este resultado y corregirla. Téngase muy en cuenta que para los fines de la terapia el segundo resultado es más peligroso que el primero; si la joven percibe el riesgo de la pérdida de control, por parte del terapeuta, del proceso de curación y del tranquilizador aumento de peso gradual, pierde la confianza y recae en el trastorno. Como suele decirse, «si uno va demasiado deprisa, acaba saliéndose de la carretera»: la recuperación del peso y de un aspecto más natural, si es demasiado evidente porque se ha hecho de un modo acelerado, asusta y no es aceptado.

Por lo tanto, si bien esta fase de la terapia parece menos comprometida y desafiante que la primera, en la que hay que realizar maniobras *dramáticas,* representa en cualquier caso un proceso terapéutico delicado, puesto que ha de lograr que el cambio logrado tan rápidamente se consolide y evolucione positivamente.

A tal efecto, solo hay que hacer hincapié insistentemente en el placer experimentado de nuevo y en el que todavía está por descubrir, no solo en relación con la comida, sino con todos los aspectos de la vida de un adolescente. En cada sesión *se dedica un tiempo a las imágenes evocadoras de la degustación de los alimentos antes evitados* y se invita a realizar nuevas *pequeñas exploraciones,* se habla de cómo combinar los alimentos para resaltar su sabor, como dos *chefs* que rivalizan en hacer sus platos más gustosos, compartiendo la sugestión mediante la comunicación verbal y no verbal. Como enseñan las neurociencias modernas, de este modo se activan los circuitos de las neuronas espejo entre paciente y terapeuta, un poderoso vehículo de influencia que crea sensaciones en este caso positivas y de deseo de aquello que antes era temido.

Tercera fase de la terapia: de la sexta a la décima sesión
Si todo ha transcurrido de acuerdo con lo previsto y la joven ha recuperado una parte significativa del peso perdido y ha redescubierto el placer de comer, y si la dinámica familiar está en vías de organizarse según el nuevo equilibrio jerárquico y relacional, se produce, si es que no ha ocurrido antes, la reanudación de las relaciones sociales y del enfrentamiento con los demás. Lo que podría parecer natural casi nunca lo es en el caso del trastorno anoréxico, y hasta el hecho de enfrentarse a un contacto interpersonal más estrecho con los compañeros y con el mundo exterior supone un riesgo elevado. La opinión que la joven que está en proceso de curación cree que tienen los demás sobre su aspecto físico, no la real, es una experiencia casi siempre angustiosa, en la que hay que trabajar atentamente para no correr el riesgo de invalidar cuanto se ha realizado hasta ese momento de la terapia.

Hay que destacar que lo que más afecta a las jóvenes anoréxicas que están en fase de recuperación del peso y de deseabilidad del cuerpo no es la opinión de los hombres, sino la comparación cruel con las otras jóvenes, que se consideran más bellas, más delgadas, más seductoras. En general, ellas se sienten *las mejores,* pero minimizan sus capacidades declarando que solo son el fruto de un compromiso tenaz y tienen una enorme sensación de fragilidad. Se entiende por qué, con esas autopercepciones tan descalificadoras, la relación con el mundo exterior parece amenazadora. La anorexia es una armadura eficaz que también protege contra esto.

Esta fase de la terapia, además de mantener activos y en evolución los cambios, ha de *focalizarse claramente en la imagen que la joven tiene de sí misma,* en su relación con los demás y en la adqui-

La anorexia juvenil

sición de habilidades relacionales. Para lograr este objetivo, *se habla abiertamente con ella de sus defectos estéticos,* sin adoptar nunca la actitud de reafirmación propia de los padres, que quieren convencer a la hija de su belleza real, sino tomando muy en serio lo que ella declara, por absurdo que parezca, discutiendo las opciones de corrección y ofreciendo constantemente soluciones concretas que pueden prever, según los casos, incluso un programa de ejercicios físicos para recuperar musculatura. En resumen, del mismo modo que en el caso del placer de la comida hemos asumido el papel de *chef,* ahora representamos el del médico estético, pero *proponiendo tan solo resultados alcanzables,* sin bisturí, mediante la actividad física dirigida, una alimentación adecuada y juegos/experimentos estéticos, cuyo objetivo es la aceptación y la mejora de la percepción de sí misma. Se trata de una *manera indirecta* de favorecer el incremento del peso gracias al impulso del deseo de ser más bellas.

En el terreno de las relaciones, *se ayuda a la joven a «hacer sentir importantes a los demás»,* mostrando interés por ellos con sus preguntas personales; hay que explicarle que esta modalidad relacional, al centrar la atención en el otro, por una parte, la hará más deseable, porque a todo el mundo le gusta percibir el interés ajeno, y, por otra parte, sirve para evitar el temido juicio, ante el que se siente todavía demasiado frágil. Por lo general, esta estratagema de la comunicación interpersonal produce los efectos deseados casi de inmediato, proporcionando a la joven la sensación de ser capaz de gestionar la relación con sus compañeros. Para ella es algo muy valioso, porque la libera del temor de no poder sostener la comparación con los demás. Al mismo tiempo, el hecho de centrar la atención en el prójimo en las relaciones interpersonales produce el efecto más importante aún de desbloquear el obsesivo control de sí mismo, típico de la persona que sufre anorexia. De este modo no solo se favorece la relación con los demás, sino sobre todo consigo misma, haciéndola más flexible, menos severa.

Como puede verse, *se procede a desmontar gradualmente* todas las rigideces del sistema perceptivo-reactivo propio de la patología anoréxica.

4. El tratamiento terapéutico

Cuarta fase: de la décima sesión en adelante
Si la intervención terapéutica se ha realizado en sus tres primeras fases, lo que queda por hacer es construir el nuevo equilibrio psicológico de la joven, libre ya del trastorno anoréxico. Por lo general, en esta fase nos encontramos frente a una paciente que ya ha recuperado del todo o casi del todo su peso habitual y sus funciones fisiológicas, puesto que a base de medio kilo por semana al cabo de seis meses se han recuperado unos 12 kilos, lo que representa, en los casos no excesivamente graves, la consecución del peso ideal. Solo en los casos realmente graves se necesita más tiempo, porque el peso que hay que recuperar es mayor, aunque también en estos casos, una vez recuperados los kilos correctos, el camino para la curación ya se ha allanado. Por consiguiente, la última fase de la terapia *se centra en el cumplimiento de objetivos sobre todo relacionales y en la consecución de una valoración correcta de los propios recursos, capacidades personales y dotes estéticas*. Para conseguir este objetivo se espacian las sesiones: por lo general, las citas pasan a ser mensuales, para permitir la manifestación de la experiencia a la que nos enfrentaremos cada vez. En esta fase de la terapia que se prolonga en el tiempo, *el terapeuta desempeña el papel de supervisor* con el que la paciente y la familia se relacionan en el proceso de crecimiento posterapia intensiva, cuando ya no hay que llevar a cabo cambios terapéuticos, sino una serie de aprendizajes que luego se convierten en adquisiciones estructuradas. Como ya he explicado en otro libro (Nardone y Balbi, 2008), el proceso de una posterapia efectiva parte de la ruptura de la homeostasis patológica y se materializa en la constitución de una nueva homeostasis sana. Por eso no basta acabar con el trastorno y sus síntomas, sino que es indispensable plasmar también todas las adquisiciones capaces de construir un nuevo equilibrio psicológico que tienda a mantenerse en el tiempo.

La anorexia juvenil

Anorexia juvenil con *exercising:* tratamiento terapéutico

Primera fase: diagnóstico-intervención
La primera parte de la sesión en el caso de la variante *exercising* de la anorexia juvenil se realiza con la misma modalidad de la «pura», con la diferencia de que, una vez que ha aparecido entre las dinámicas diferenciadoras el componente del ejercicio físico como parte importante del trastorno, se procede a analizar si es un componente dominante respecto a la restricción alimentaria o si solo es un complemento.

Como es fácil comprender, se trata de una cuestión de enorme importancia de cara a ajustar la intervención terapéutica a la realidad patológica, diferenciándola ya desde el primer encuentro. Si la restricción alimentaria tiene como síntoma adicional el *exercising,* el protocolo terapéutico ha de ser el mismo que en el caso de la anorexia juvenil pura, aunque previendo ciertas maniobras terapéuticas adecuadas para reducir la compulsión al movimiento hasta su extinción. En cambio, si tenemos una situación en la que el ejercicio físico predomina sobre la restricción de la comida como forma de evitar el riesgo de engordar o para favorecer la pérdida de peso, la intervención terapéutica ha de ser distinta ya desde la primera sesión. En este caso, nos enfrentamos a una situación en la que la alimentación no es tan restrictiva, pero las caminatas agotadoras o las sesiones frenéticas en el gimnasio son tan exigentes que queman más calorías de las que se introducen con la alimentación.

Por consiguiente, aunque toda la sesión se desarrolla siguiendo la misma secuencia de técnicas, en el primer caso se *pondrá el énfasis en el hecho de que después de las comidas al menos uno de los padres habrá de permanecer con la hija las dos horas siguientes* implicándola en diversas actividades –por ejemplo, hablar, estudiar, ver una película–, a fin de impedir suavemente la compulsión al movimiento en ese periodo posterior a la comida, que es importante para la terapia. En el segundo caso, ya desde la primera sesión se *negociará la reducción de la actividad física utilizando una forma específica de reestructuración,* que se expresa con

4. El tratamiento terapéutico

una prescripción creada ad hoc para este tipo de problemática, y que es una variante de la ilusión de alternativa de respuesta utilizada para la restricción alimentaria: «¿Prefieres que te encierren en una habitación de hospital y te obliguen por la fuerza a la inmovilidad o aceptas reducir tu actividad motriz a los límites de un sano ejercicio diario?». *Estas dos alternativas irán acompañadas de imágenes fuertemente evocadoras*, parecidas a la de la «sonda que te hincha como un globo», como la de verse obligada a deambular en silla de ruedas con la prohibición incluso de levantarse. Una práctica que, por otra parte, se utiliza realmente en las hospitalizaciones forzadas, cuando las condiciones de la paciente y la compulsión al movimiento la hacen necesaria. La negociación persuasoria puede resultar muy laboriosa, teniendo en cuenta la resistencia al cambio de estos casos, pero, si se actúa con firmeza y se ha alcanzado un acuerdo con los padres sobre las dos alternativas, por lo general la joven acaba cediendo y, antes de verse obligada a la inmovilidad total, acepta la planificación de la drástica reducción de la actividad motriz a media hora diaria de aeróbica y unos minutos de ejercicios de *stretching* y de potenciación de los principales músculos.

En estos casos, *el terapeuta ha de demostrar conocimientos de fitness trainer*, discutiendo con la joven, sin posibilidad de ser refutado, cuál es la correcta actividad motriz diaria para mantenerse en forma comiendo de forma regular y adecuada. A los padres se les atribuye la responsabilidad, además de estar siempre presentes en las comidas y permanecer junto a la hija las dos horas siguientes, de acompañarla y hasta de participar activamente en su sesión de entrenamiento. Es curioso que a menudo estas terapias se convierten en un programa de alimentación sana y *fitness* para toda la familia, que al ayudar a la joven a librarse de su problema adopta hábitos nuevos y saludables.

Las fases siguientes de la terapia

La secuencia del proceso terapéutico es una copia de la expuesta anteriormente, dado que nos enfrentamos a un trastorno anoréxico juvenil que, más allá de la intervención directa sobre el exceso de movimiento, necesita estrategias y estratagemas terapéuticas dirigidas a desestructurar el sistema perceptivo-reactivo patológico de la paciente.

Es importante observar que en estos casos la tendencia a violar los acuerdos por parte de la joven es bastante frecuente, casi una norma. Por esto son fundamentales tanto el papel desempeñado por el terapeuta –que durante las sesiones reestructura gradualmente las creencias y las percepciones disfuncionales sobre el exceso de movimiento, cambiando la visión del ideal de belleza basado en el peso por la armonía de las formas del cuerpo– como el que desempeñan los padres que, *además de ser responsabilizados hasta la «culpabilización estratégica», tienen que recibir ayuda* para no desmoralizarse frente a las dificultades y las resistencias de la hija, a veces realmente agotadoras. No obstante, dado que el *exercising* es una situación compulsiva estresante tanto física como mentalmente, cuando las jóvenes anoréxicas consiguen interrumpirlo, experimentando un gran bienestar, se sienten liberadas de un enorme peso. De ahí que el cambio terapéutico, al que al principio oponen resistencia, se viva como una forma de liberación de una prisión. Igual que ocurre con los trastornos obsesivo-compulsivos, en un buen porcentaje de los casos puede observarse un cambio terapéutico de tipo *catastrófico*, esto es, casi inmediato, mientras que en el resto la compulsión se erosiona gradualmente hasta desplomarse sobre sí misma, o sea, se produce un efecto de tipo *geométrico-exponencial*.

Por consiguiente, en las anoréxicas con *exercising* dominante, el objetivo final de la terapia será no solo la recuperación de un peso normal, sino también la regulación de la actividad motriz que, igual que la comida, deberá convertirse en un placer y no en un deber, y transformarse de obsesión compulsiva en actividad placentera y saludable.

Anorexia con *binge eating:* el tratamiento

Como se ha dicho en el capítulo anterior, la variante caracterizada por la alternancia entre restricción y atracones, junto con el *vomi-*

ting, representa el tipo de evolución de la anorexia juvenil cuando la joven pierde el control sobre la comida. El temor a la pérdida total del control con los consiguientes atracones cada vez más frecuentes es la palanca ventajosa para la intervención terapéutica. De hecho, la *reestructuración del «miedo al ayuno»*, que es la principal técnica terapéutica elaborada para este trastorno, se basa justamente en el miedo a ese terrible escenario para convencer a la joven anoréxica de que evite los ayunos, o de que no se salte ni una comida, porque esto desencadenaría el inevitable atracón.

«Cuando una persona se ve gorda o gruesa, cree que la mejor solución para adelgazar es el ayuno: cuanto más ayuno, más adelgazo. En realidad, deberías empezar a tener miedo de ayunar, porque cada ayuno conduce a otro atracón. Y, si alternas periodos de ayuno y atracones, asimilas aún más y, por lo tanto, no adelgazas. Empieza a pensar que el ayuno es peligroso, porque cada vez que ayunas acabarás con un atracón y esto hará que engordes, no que adelgaces. Sé que solo sabes hacer esto y no consigues no hacerlo, pero piensa que cada vez que intentas restringir tu alimentación saltándote comidas, en realidad estás preparando el próximo atracón. Por consiguiente, lo que deberías temer no es el atracón, que es un efecto, sino la restricción del ayuno, que es la causa».

El lector ha de saber que este tipo de tratamiento para el *binge eating* ha sido validado empíricamente y ha demostrado mayor eficacia y persistencia en los resultados cuando se ha comparado, mediante un ensayo clínico controlado y aleatorizado, con la terapia cognitivo-conductual, considerada por muchos el *gold standard* [método de referencia] (Castelnuovo et al., 2010).

En casos similares, tras haber interrumpido el círculo vicioso patológico de ayunos y atracones, *se intenta que la joven se permita «pequeñas transgresiones alimentarias placenteras»* utilizando los mismos procedimientos sugestivos descritos para la anorexia pura, es decir, evocando el placer de la degustación de los alimentos hasta entonces prohibidos para llegar gradualmente a establecer un equilibrio alimentario basado en el placer y no en el control.

La anorexia juvenil

La mayoría de las veces, en estas situaciones también es preciso regular la actividad motriz generalmente excesiva; para ello *se actúa reestructurando las creencias disfuncionales sobre el* fitness *llevado a la exageración,* en las que se basan las pacientes para aplicar la ecuación más gimnasia = más adelgazamiento = mayor belleza. Se centra la atención en la poderosa capacidad de la actividad física exagerada de estimular el hambre y sus efectos negativos en la forma física, por ejemplo, a causa de la producción de toxinas y de la inducción del catabolismo de la masa muscular. Se actúa de modo que la joven llegue a sentir aversión por esa actividad física exagerada y prefiera un programa de actividad motriz que permita mantener el peso correcto y el equilibrio psicofísico.

Puede parecer obvio, pero es oportuno destacarlo: el tratamiento de esta variante de la anorexia juvenil también es el mismo, en su estructura y su secuencia, aunque añadiendo estratagemas terapéuticas adaptadas a la sintomatología dominante, esto es, la alternancia de restricciones y atracones. Una vez extinguida esa modalidad patológica disfuncional, se puede *centrar de nuevo el tratamiento en el trastorno que lo origina*. De hecho, si en estos casos se interviene solo en el *binge eating* sin llegar a resolver la patología anoréxica, generalmente el cuadro de la paciente se transformará en la forma más restrictiva de anorexia o en comer y vomitar, puesto que el núcleo psicopatológico sigue presente y tenderá a manifestarse de otra forma o en una recaída evidente con la misma sintomatología.

Anorexia con *vomiting:* el tratamiento

Comer y vomitar es la manifestación más peligrosa y resistente al tratamiento de la evolución del trastorno anoréxico. Igual que el *binge eating,* se caracteriza por la compulsión irrefrenable a consumir enormes cantidades de comida que en este caso son vomitadas. El rito tiende a perpetuarse y a hacerse más frecuente, porque cada vez es más agradable, y se transforma en un placer compulsivo que domina

4. El tratamiento terapéutico

incluso sobre la anorexia originaria. La que se define impropiamente como anorexia nerviosa se distingue de la llamada bulimia nerviosa justamente en que el terror a engordar y el bajo peso siguen siendo la base del trastorno y, en el tratamiento terapéutico son factores en los que hay que intervenir, utilizando paralelamente las técnicas dirigidas a interrumpir el irrefrenable impulso a comer y a vomitar. Por consiguiente, en la planificación terapéutica se prevé el mismo protocolo de la anorexia juvenil con algunas adaptaciones y añadiendo prácticas terapéuticas creadas específicamente para el *vomiting*.

A este respecto, es importante observar que, cuando la compulsión a vomitar está en la fase inicial, esto es, cuando se produce exclusivamente después de las comidas como práctica protectora del miedo a engordar, *la misma indicación para el tratamiento de la anorexia juvenil que se da a los padres de que permanezcan con la hija al menos una hora después de las comidas* es un eficaz elemento de persuasión. En cambio, si la compulsión ya está muy estructurada y/o caracterizada por un placer intrínseco, la necesidad/deseo de vomitar hace que las jóvenes se muestren incluso violentas y totalmente incapaces de respetar el cumplimiento de una prescripción. En otras palabras, si el núcleo dominante de la patología todavía es el restrictivo, la técnica proporciona tranquilidad a la joven sobre la posibilidad de comer sin exagerar y de evitar el vómito, que ya no resulta necesario; en cambio, si la compulsión ya domina, arrastrará consigo cualquier intento de control. No obstante, *el miedo a engordar sigue siendo la palanca ventajosa que hay que utilizar estratégicamente* para interrumpir la secuencia comer-vomitar; de hecho, la prescripción del intervalo temporal que hay que dejar entre atracones y vómito, del que trataremos con detalle en las páginas siguientes, sigue siendo la técnica terapéutica elegida (Nardone et al., 1999; Nardone, 2003; Dalle Grave, 2015).

La experiencia de más de 25 años de trabajo con esta patología específica nos indica que cada vez goza de mayor popularidad y que ha dejado de ser considerada una vergüenza que hay que mantener oculta. En estos últimos años, la socialización a través de las redes sociales ha situado el *vomiting* en el nivel más elevado de *perfeccionamiento* del trastorno alimentario, algo a lo que hay que aspirar como devotas vestales de «Ana». En el terreno de la terapia, esto ha anulado totalmente el efecto de ciertas técnicas, que se basaban en el malestar de hacer patente, evidente y hasta paradójicamente impuesto por la familia el hecho de atracarse para vomitar. Incluso las prescripciones terapéuticamente chocantes en los años noventa, propuestas en el diálogo con las pacientes y centradas en la aparición y en el énfasis puesto en las connotaciones erótico-transgresivas de esta práctica para provocar en ellas sentimientos hostiles de turbación y vergüenza, hoy podríamos decir que son «como agua que resbala sobre un impermeable», puesto que el hecho de socializarlo todo, típico de las nuevas generaciones, elimina cualquier forma de reserva.

También han cambiado las dinámicas familiares. Ocurre con frecuencia que los padres, temiendo las represalias de la hija, procuren a petición suya los alimentos para comer y vomitar, del mismo modo que en las leyendas medievales los pueblos proporcionaban al Dragón la comida exigida para evitar ser devorados.

Todos estos cambios han hecho que algunas técnicas terapéuticas del pasado resulten hoy inadecuadas, pero también han validado la técnica terapéutica fundamental que ya se utilizaba entonces con éxito.

La intuición de principios de los años noventa de que para tratar con éxito la anorexia con *vomiting* había que interrumpir la secuencia de placer propia del rito, utilizando a la vez el miedo a engordar, ha conducido a la elaboración de una técnica que ha sido ampliamente validada. Se trata de *prescribir*[1] *a la joven anoréxica la total libertad*

---

[1] «Desde este momento hasta la próxima vez que nos veamos, te sugiero que hagas este experimento... Cada vez que sientas el impulso de comer y vomitar, puedes hacerlo atracándote de comida, atracándote hasta el punto de sentirte llena y con ganas de expulsar todo lo que has tragado... En ese momento deberás detenerte y esperar una hora, exactamente una hora, sin beber, ni comer, porque de lo contrario correrías a vomitar... Sé que será fatigoso, pero sería el primer paso para tomar las riendas de la situación y no ser siempre la víctima de su irresistible seducción».

4. El tratamiento terapéutico

para comer y vomitar siempre que quiera simplemente respetando la regla de esperar una hora antes de vomitar después del atracón.

Si la paciente acepta poner en práctica esta indicación –y veremos hasta qué punto es importante para ello la comunicación persuasiva–, el efecto es doble: el rito agradable pasa a ser desagradable y la cantidad de comida ingerida se reduce espontáneamente por miedo a engordar, puesto que el vómito se ha retrasado. Eso significa que la maniobra terapéutica actúa al mismo tiempo sobre la compulsión al atracón, a través del miedo a engordar, y sobre el vómito, haciendo que ya no sea tan placentero. Son factores terapéuticos que se vuelven aún más potentes a medida que avanza el tratamiento, puesto que está prevista la ampliación progresiva del intervalo de tiempo entre el final de la comida y el principio del vómito, hasta lograr la remisión completa del trastorno.

En cuanto al *compliance terapéutico* de las pacientes, esto es, la observancia y el seguimiento de la prescripción, hay que tener presente que, paradójicamente, presentan una mejor disposición las que han alcanzado los niveles más altos de agudización del trastorno y están sufriendo sus efectos invalidantes. En cambio, las que se encuentran en la fase de la *experiencia agradable* sin verse todavía afectadas por los aspectos negativos, psicológicos, relacionales y fisiológicos, presentan una mayor resistencia a la aplicación de la prescripción. Cuanto más grave es el trastorno, más eficaz y eficiente resulta la terapia.

No obstante, como ya hemos dicho, si el terapeuta ha dirigido bien la primera sesión evocando el miedo a la hospitalización forzosa «con la sonda que te hincha como un globo» y a los impedimentos también forzosos para vomitar, incluso las pacientes más recalcitrantes respetan la terapia y la siguen.

Hay que subrayar que, si se logra romper el esquema y la secuencia de esa compulsión, el efecto terapéutico es casi inmediato, esto es, el atracón y el vómito desaparecen muy pronto. Después, se puede trabajar en otras dimensiones de la anorexia juvenil, que una vez privada de la rígida abstinencia resultará más fácil superar. Las dinámicas relacionales y sociales también se reorganizan y se viven de forma constructiva en poco tiempo, gracias a que la rigidez respecto a las sensaciones agradables ya se ha erosionado. Es difícil para las anoréxicas abstinentes preocupadas siempre por no perder el control, mientras que para las jóvenes con la variante del *vomiting* es una experiencia consolidada que les permite relacionarse con los demás sin miedo a la intimidad. No es casual que, si se consigue intervenir con éxito, la terapia de esta variante es mucho más breve que la restrictiva de origen.

Un componente esencial, que no hay que olvidar, en el tratamiento terapéutico de la anorexia con *vomiting* es el énfasis puesto en *el papel de la comunicación y de la relación terapéuticas*. Estas jóvenes, más aún que las pacientes anoréxicas puras, son bastante desafiantes, provocadoras y seductoras, y juegan su resistencia a la terapia de forma astuta y realmente estratégica. El diálogo terapéutico se convierte, por lo tanto, en un *duelo comunicativo* sin exclusión de golpes, en el que la paciente, como un experto espadachín, busca los puntos débiles del otro y hace todo lo posible para hacer que se descubra y herirle luego sin piedad.

Al terapeuta se le pide *una elevada capacidad de gestión de la comunicación y de la relación,* que nunca ha de ser rígida ni *directiva,* porque sería una demostración de fragilidad, sino cálida y sosegada, pero también firme y orientada a desmontar *golpe a golpe* los ataques descalificadores o las maniobras seductoras de la paciente hasta conducirla amablemente a la rendición. También es una lección importante para los padres que, durante la sesión, asisten a un *combate ciertamente no leal* en el que al final la joven ha de aceptar colaborar porque ya no puede seguir boicoteando la terapia, al menos en el contexto de una sesión.

Anorexia juvenil con autolesiones

A efectos del tratamiento terapéutico, es importante considerar, como ya se ha expuesto anteriormente, que tenemos dos tipos de actos au-

4. El tratamiento terapéutico

tolesivos: unos con *función sedante,* mediante un dolor autoinfligido a causa de algo no deseado, por ejemplo, un atracón, una mala nota en la escuela o un desengaño amoroso-sentimental: otros con *función placentera,* esto es, de búsqueda deliberada de un placer sutil. A menudo, cuando la conducta autolesiva se prolonga durante mucho tiempo, la primera forma evoluciona hacia la segunda, pero desde el punto de vista de la intervención clínica es importante evaluar en qué estadio del problema nos encontramos para aplicar la terapia idónea.

Estas dos funciones tan diferentes, que, sin embargo, en sus manifestaciones sintomáticas se expresan de forma análoga, exigen formas diversas de enfoque terapéutico, porque están sustentadas y alimentadas por condiciones, motivaciones y efectos psicológicos muy distintos entre sí. El hecho de que generalmente estos casos sean un *continuum* evolutivo del trastorno podría conducir erróneamente a tratar la patología originaria, cuando lo que hay que hacer es focalizar las técnicas terapéuticas *in primis* en el funcionamiento presente de la sintomatología y no en su función pasada.

En el primer caso, *casi siempre es suficiente tratar con éxito el trastorno alimentario* para conseguir también la remisión de la conducta autolesiva. De este modo, desaparece de hecho lo que provoca la necesidad del *efecto sedante de la inducción deliberada de un dolor para no sentir otro.* Téngase en cuenta que, como ya hemos destacado muchas veces, el tratamiento de la anorexia juvenil implica también la resolución de los problemas relacionales y de las expresiones de malestar personal e interpersonal aparentemente no vinculadas de forma directa al trastorno alimentario. Desaparecen así también las otras formas de frustración, que son la base de los actos autolesivos.

En el segundo caso, cuando la conducta autolesiva se ha convertido en un ritual placentero, la intervención terapéutica es la que se aplica con éxito a los trastornos obsesivo-compulsivos basados en el placer, a saber, *la técnica de la ritualización del ritual* (Nardone y Portelli, 2013). Se indica a la joven que ha de dedicar un espacio y un tiempo programados a lo largo del día a ejecutar el rito tal como se le ha prescrito; por ejemplo: «Desde ahora y hasta que volvamos a

La anorexia juvenil

vernos dentro de dos semanas, cada tres horas has de situarte delante de un espejo e infligirte durante dos minutos tu agradable tortura...». Se trata de convertir una conducta sintomática en una conducta planificada, vaciándola del aspecto de transgresión que, entre otras cosas, la hace tan placentera. Además, la ritualización obligada transforma su percepción y hace que desaparezca gradualmente la característica de placer, hasta el punto de hacerla desagradable.

Aunque se mantenga la prescripción durante unas semanas reduciendo la frecuencia de práctica del rito hasta su extinción, en la mayoría de los casos las pacientes dejan de seguir la indicación y se niegan a hacer una cosa que les produce aversión. Ese resultado *deberá obtenerse paralelamente a la evolución del proceso terapéutico del trastorno alimentario del que es parte complementaria.* De no ser así, el riesgo de recaídas es bastante alto.

Como se verá claramente, la función sedante de la conducta autolesiva es más frecuente en la anorexia restrictiva, donde no se permite el placer, que se percibe como algo de lo que hay que abstenerse en cualquiera de sus formas por miedo a perder el control; en cambio, encontramos la función de transgresión placentera sobre todo en las formas de anorexia con *vomiting* y *binge eating*, en las que se une al placer de la compulsiva pérdida de control en la comida.

Anorexia juvenil con *purging*

El uso de laxantes y de otros métodos para aumentar la evacuación, así como el consumo de diuréticos fuertes o de preparados diversos con el objetivo de perder peso o de reducir la asimilación de la comida ingerida, no solo es una de las conductas más frecuentes asociadas a la anorexia, sino también una forma de *dependencia*. El hecho de que esta sea inducida por la reiteración de la conducta y por la ilusión de su efecto dificulta su cese. De poco sirven las «lecciones explicativas» de nutricionistas, médicos, y a veces incluso psicoterapeutas

4. El tratamiento terapéutico

que, utilizando la razón y el sentido común, tratan de bloquear el uso y abuso de una práctica que en la mente de la anoréxica es tranquilizadora, basada en una creencia ilusoria, aunque reforzada a diario por la machacona publicidad del sector farmacéutico o de los llamados remedios naturales, que constituyen uno de los sectores productivos más ricos del mundo.

También en este caso el tratamiento ha de hacer hincapié en las percepciones y las emociones más poderosas, primitivas y paleoencefálicas para producir un cambio terapéutico real. He aquí una *reestructuración sugestiva y evocadora* que se puede poner en práctica durante el diálogo con la paciente: «Sé que para ti utilizar laxantes y diuréticos es muy tranquilizador... Por esto, no puedo pedirte que dejes de hacerlo. No serviría de nada decirte que de esta práctica pueden derivar graves consecuencias intestinales, como oclusión intestinal y estrechamiento del ano, o renales, cardíacas, neuromusculares... No obstante, me parece extraño que tú, siendo tan inteligente y estudiosa, no sepas que esos productos son muy poco eficaces, puesto que la absorción de la comida se produce en el intestino delgado y los laxantes actúan sobre el intestino grueso, que es el segmento siguiente. Lo que a ti te tranquiliza en realidad acaba creando justamente lo que te asusta... Los laxantes provocan meteorismo, y padecer meteorismo significa tener mucho gas en la barriga, y tener mucho gas significa estar hinchada, muy hinchada... Existen muchos métodos que puedes aprender para controlar el peso, tener el vientre liso y estar guapa. Ahora bien, para esto es preciso que te dejes guiar...».

Normalmente, tras una argumentación persuasiva como esta, que incide en la inteligencia menospreciada y en el temor a los efectos del abuso de laxantes, las pacientes aceptan *empezar a reducir gradualmente el uso de sustancias y prácticas que facilitan la evacuación, hasta acabar del todo con ellas.*

Como se ve, no se fuerza a nada, se aprovecha el poder evocador y persuasivo del diálogo terapéutico estratégicamente construido para crear aversión hacia lo que antes era deseado.

La anorexia juvenil

Anorexia juvenil con consumo de sustancias químicas

La intervención terapéutica en la anorexia juvenil complicada con el consumo y abuso de sustancias químicas prevé dos modalidades: la predominantemente psicológica, descrita en las páginas anteriores, y la de desintoxicación fisiológica de los efectos de la dependencia y de la adicción.

Esto es válido tanto para el consumo de drogas como para el abuso de ciertos tipos de fármacos. En el centro donde trabajamos disponemos de un neurólogo experto en desintoxicación de drogas y fármacos, cuya intervención se realiza paralelamente a la psicoterapia. De este modo, tanto la paciente como la familia se sienten tranquilas en cuanto a los aspectos alarmantes de la patología, que es tratada con un único enfoque terapéutico para las dos caras de la medalla. Porque, además, como bien saben los expertos del sector, un enfoque centrado en un único aspecto estaría muy limitado y no permitiría obtener los resultados positivos que se obtienen con un tratamiento integrado.

La dependencia psicológica de las sustancias es tan influyente como la fisiológica y requiere técnicas terapéuticas que permitan a la joven librarse de las cadenas que la aprisionan. No obstante, nuestra experiencia nos enseña que, si la terapia del trastorno alimentario funciona y se desbloquean los rígidos esquemas desde la primera sesión, la joven estará más dispuesta a seguir las directrices de un proceso de reducción gradual de las sustancias de que abusa, especialmente cuando estas formaban parte de las soluciones intentadas anoréxicas para la gestión del propio cuerpo y de la alimentación. Por eso también en estos casos es fundamental realizar el cambio terapéutico respecto a la anorexia, privando así de su función a la conducta de uso y abuso; la dependencia que se mantiene será superada gradualmente con la colaboración activa de la paciente.

4. El tratamiento terapéutico

Anorexia juvenil multisintomática y/o trastorno *borderline* de personalidad

Como ponen de manifiesto muchos autores, cuando el trastorno anoréxico se prolonga durante mucho tiempo y se manifiesta a través de diferentes síntomas graves, que se alternan en el tiempo o se manifiestan simultáneamente, es muy alto el riesgo de evolución hacia un trastorno *borderline* de personalidad. Teniendo en cuenta la aceleración de los procesos de exacerbación de la patología anoréxica entre las jóvenes, el número de pacientes que corren este riesgo o que presentan una patología *borderline* va en aumento. Esto hace que el trabajo de los terapeutas del sector sea más complicado aún de lo que ya es de por sí el tratamiento de la anorexia juvenil. En esos casos, la oscilación entre varios cuadros sintomáticos constituye la regla y no la excepción, y las recaídas tras las mejoras terapéuticas son tan frecuentes como previsibles.

Como si hicieran equilibrios sin vara de contrapeso, estas pacientes se mantienen muy poco estables antes de caer, luego suben de nuevo a la cuerda floja y empiezan a balancearse hasta caer de nuevo. *Estas pacientes necesitan procurarse la vara que les permite mantenerse en equilibrio,* limitando las oscilaciones al *range* que permite su control; son personalidades devastadas, incapaces de mantener una constancia en la conducta y en los pensamientos, y profundamente inestables en sus emociones.

Por consiguiente, *la terapia, además de tratar el trastorno alimentario, deberá centrarse en la creación de ese equilibrio psicológico básico,* sobre el que se irán construyendo progresivamente, junto con la paciente, los fundamentos de una personalidad estable e integrada.

Al principio es el terapeuta el que actúa como vara de contrapeso del funámbulo incapaz, es decir, *ha de ser el punto de referencia fundamental* para la joven, que ha de tener la sensación de que puede fiarse. Luego, poco a poco, trabajando al mismo tiempo sobre las conductas, las emociones y las cogniciones relativas a las dinámicas internas y a las interpersonales, se construirán la seguridad y la estabilidad psicológica indispensables para no volver a la oscilación continua de caídas e intentos de recuperación.

En otras palabras, *el terapeuta deberá llevar el timón de la vida de la joven y enseñarle paso a paso cómo manejarlo* incluso en las situaciones más difíciles.

Es evidente la importancia que tiene en estos casos la personalidad del terapeuta, que, como señala la mayoría de los expertos, ha de ser carismático y capaz al mismo tiempo de hacer que el sujeto se sienta controlado, protegido e incentivado a mejorar sus capacidades, generalmente elevadas (Cotugno y Benedetto, 2003; Petrini et al., 2012; Loriedo, 2013). Si no es así, el terapeuta corre el riesgo de convertirse en rehén de pacientes que tienen una gran habilidad para establecer vínculos morbosos y chantajistas.

La relación terapéutica deberá moverse, por consiguiente, entre la intimidad y la distancia, el calor y la frialdad, la confianza y la descalificación, sin permitir nunca que la paciente asuma el control. No es casualidad que sean estos los casos en que con más frecuencia los terapeutas son seducidos por las pacientes y acaban dejándose someter, frustrando así la posibilidad de obtener un resultado terapéutico positivo.

La mayoría de las veces los padres son totalmente incapaces de controlar a la hija y delegan de buena gana el papel de guía en el terapeuta, al que ellos mismos también se encomiendan. Precisamente es esta habitual entrega de los padres la que permite darles normas de conducta muy precisas, que por lo general son aceptadas de buena gana y observadas escrupulosamente. Lo importante es *evitar pedir lo que emocionalmente no pueden hacer,* porque, si los enfrentamos fríamente a su incapacidad, perderemos su confianza. Igual que la hija, los padres también necesitan muchas veces aprender a manejar el timón y no se les puede exponer a ejercicios funambulescos sin la ayuda directa de un experto.

El objetivo terapéutico ante un trastorno *borderline* de personalidad en general, y mucho más si va asociado al trastorno alimentario, es conseguir mantener el rumbo sin dejarse arrastrar por las

4. El tratamiento terapéutico

corrientes y por los vientos que inevitablemente presenta el curso de la vida. Utilizando las palabras del experto en el tema Piero Petrini (2012), estas jóvenes son «estables en la inestabilidad e inestables en la estabilidad», y hay que hacerlas estables en la estabilidad.

Como una última anotación personal, consecuencia de una larga experiencia clínica, quisiéramos recordar la curación de un grupo de estas pacientes, que incluso han llegado a desarrollar una gran capacidad de resiliencia y compasión, y un rigor asociado a una creatividad y fantasía extraordinarias. Por otra parte, muchos personajes importantes de la historia han sido personalidades *borderline* bien estabilizadas, es decir, que han aprendido el arte funambulesco de caminar sobre la cuerda floja, manteniéndose en equilibrio gracias a la vara de contrapeso que han sabido construir y manejar con gran habilidad.

El tratamiento de la anorexia juvenil: resumir para redefinir

Para concluir el capítulo, creemos que es importante resumir algunos puntos destacados que permiten poner de manifiesto el rigor y la flexibilidad de este tipo de intervención terapéutica, así como su concordancia con las directrices internacionales para el tratamiento de la anorexia juvenil, y a la vez la utilización de técnicas que permiten incrementar su eficacia y su eficiencia.

La terapia comienza con una sesión de gran impacto terapéutico, cuyo objetivo es desmontar los esquemas patológicos que sustentan y alimentan el trastorno anoréxico juvenil.

Al principio, se interviene en las dinámicas familiares: se responsabiliza a los padres y se los induce a modificar sus modalidades patógenas de gestión del trastorno de su hija. De este modo, la joven paciente se encuentra en una situación en la que el cambio es inevitable, pero puede elegir el modo de realizarlo que le resulte más aceptable, menos gravoso y peligroso.

A continuación, recurriendo a técnicas sugestivo-hipnóticas, se evocan en la paciente percepciones y emociones vinculadas al deseo de comer y a la aversión a la abstinencia. Se negocia, por lo tanto, con ella un programa de alimentación que resulte tranquilizador y agradable.

Todo esto se concreta, asimismo, en un plan de acción familiar, sobre cuya base se atribuirá luego a los padres la responsabilidad de estar con la hija durante y después de las comidas.

Según las variantes sintomáticas, a la *sesión invariante* se añaden las maniobras terapéuticas específicas elaboradas ad hoc.

Esta es la parte decisiva del tratamiento terapéutico; de hecho, si se supera con éxito, se puede observar un cambio rápido, fruto de una sesión estudiada hasta el más mínimo detalle tanto desde el punto de vista de la estrategia y de las estratagemas aplicadas, como de la comunicación sugestivo-hipnótica y de la relación asertiva, firme y decidida pero afectuosamente cálida y tranquilizadora (Nardone y Watzlawick, 1990; Watzlawick y Nardone, 1997; Nardone y Salvini, 2004).

El resto del proceso terapéutico, tan importante como la primera sesión, está determinado por los efectos de esta última, hasta el punto de que puede afirmarse que, hasta que no se produzca la experiencia emocional correctiva[2] (Alexander, 1946) que rompe el equilibrio patológico, el proceso no puede iniciarse.

El lector entenderá que el cambio terapéutico estratégicamente inducido no es un hecho casual consecuencia de encuentros clínicos inespecíficos, o no focalizados en la patología, como se afirma que ha de ocurrir en las terapias de larga duración (Stern, 2004).

2   Esta expresión fue introducida por Alexander en 1946 para referirse a las experiencias emocionales concretas que permiten al paciente «corregir» la experiencia traumática de experiencias negativas anteriores. Según el conocido autor, los cambios más significativos y duraderos se producen como consecuencia de experiencias reales vividas por el paciente en el presente, en la relación con el terapeuta o en la vida cotidiana, capaces de destruir el efecto de las pasadas. El concepto fue recuperado y dado a conocer por el enfoque breve estratégico, en el que se ha convertido en uno de los fundamentos principales del proceso terapéutico. Esa experiencia de cambio perceptivo-emocional puede ser inducida tanto en la sesión terapéutica –por ejemplo, mediante el uso del diálogo estratégico–, como entre una sesión y otra, gracias a las prescripciones que hay que poner en práctica en la vida diaria (Nardone y Salvini, 2013).

4. *El tratamiento terapéutico*

Cuando se tratan patologías de gran riesgo para la salud general y con altos índices de cronificación, creemos que la primera intervención ha de tener como objetivo la interrupción de la forma más oportuna posible de las dinámicas patológicas de gestión de la comida y del cuerpo. Si la terapia no obtiene resultados positivos en tiempo breve, se corre el riesgo de cronificar el trastorno.

Como ya hemos dicho, diferenciando las técnicas sobre la base de la variante patológica específica, este tipo de tratamiento se cose como un traje a medida sobre las características del problema y sobre las peculiaridades del sujeto que está en tratamiento. Incluso cuando las técnicas se repiten rigurosamente, cambian el lenguaje utilizado y el tipo de relación, adaptándose siempre a las características únicas e irrepetibles de cada paciente y de cada sistema familiar. Un aspecto fundamental del enfoque estratégico de la psicoterapia es precisamente la coexistencia en la intervención terapéutica de *regularidad y originalidad*.

Otro elemento importante del modelo de cura es la focalización, desde el principio, en el factor antagonista de la abstinencia anoréxica: el placer, es decir, esa sensación arcaica, esa emoción a la que nadie puede resistir, pero que la anorexia, a través de la abstinencia, querría anular. Precisamente el placer constituye la palanca ventajosa para destrabar la cerradura del *cofre anoréxico*. «Nadie puede vivir sin el placer», advertía una persona tan poco sospechosa de hedonismo como san Agustín.

El placer se evoca primero sugestivamente y se hace experimentar mentalmente de forma tranquilizadora, luego se cultiva y amplía a lo largo de todo el proceso terapéutico hasta convertirlo en algo a lo que entregarse sin miedo a perder el control.

Cuando la joven ha vuelto a alimentarse y ha recuperado peso, y los aspectos sintomáticos más invalidantes están en fase de remisión, la terapia prosigue construyendo un nuevo equilibrio psicológico caracterizado por modalidades perceptivas, emocionales, conductuales y cognitivas que contribuyen al bienestar de la paciente. Tratándose de anorexia juvenil, hay que tener en cuenta temáticas psicológicas y relacionales diferenciales, ya que son específicas de la fase de desarrollo púber y adolescente. Esos pacientes necesitan ser acompañados en su crecimiento, ya que a menudo se mueven entre impulsos de independencia, de afirmación y de autonomía, y necesidad de protección y miedo a hacerse mayores. Por eso el inicio de una etapa escolar o su finalización, la entrada en el mundo laboral, el desarrollo de una relación afectiva significativa, la separación de los padres o de otros vínculos familiares son aspectos de la investigación que hay que privilegiar, puesto que son fuentes de posibles crisis.

La fase de consolidación es una parte fundamental del buen resultado terapéutico y puede prolongarse bastante tiempo. Sin embargo, las citas están bastante espaciadas y preparan una especie de *follow up* a largo plazo, que de hecho puede prolongarse durante años. Para muchas de estas pacientes, el terapeuta ha de convertirse en un punto de referencia capaz de proporcionar los instrumentos y la seguridad necesarios para afrontar situaciones que para ellas son temibles o causa de estrés, hasta alcanzar la completa autonomía. De este modo es posible garantizar un menor riesgo de recaídas y de estructuración de otras formas de patología que sustituyan a la anoréxica.

5. Anorexia juvenil: la terapia eficaz

Giorgio Nardone, Elisa Valteroni, Gianluca Castelnuovo

Durante más de 40 años, los estudios relacionados con las terapias de la anorexia mental se han centrado en ese trastorno en general, sin diferenciar entre las anoréxicas adultas y las que se hallan en la edad infantil o en la adolescencia. Solo en los últimos diez años, y debido a que el trastorno se ha extendido a edades más tempranas, se han llevado a cabo investigaciones sistemáticas sobre su tratamiento. No obstante, aunque la anorexia mental sin distinguir entre pacientes adultos y púber-adolescentes ha sido objeto de mayor atención que la específicamente juvenil, ha sido poco estudiada en cuanto a la eficacia de las terapias. La prestigiosa revista *Lancet,* en un análisis reciente de los estudios sobre los desórdenes alimentarios según los criterios metodológicos internacionalmente reconocidos, señala que hay más de 50 estudios sobre la bulimia nerviosa y apenas una quinta parte sobre la anorexia mental. Si, además de este tipo de investigaciones –en las que a menudo el diseño estadístico experimental, aunque riguroso, está basado en un grupo pequeño de pacientes en comparación con un grupo de control igualmente pequeño–, se tiene en cuenta la literatura internacional y los estudios empíricos estrictamente clínicos, ciertamente menos rigurosos, pero efectuados sobre muestras más amplias de sujetos y con *follow up* a largo plazo relacionado con los resultados de las terapias, es posible señalar cuál es el tratamiento más adecuado para este trastorno.

Castelnuovo (2012), que se encargó del análisis sobre la eficacia de las psicoterapias para el *Dizionario Internazionale di Psicoterapia,* menciona las formas de psicoterapia que han demostrado una eficacia significativa en el tratamiento de los trastornos alimentarios: la psicoterapia sistémico-familiar (sobre todo para la anorexia), la psicoterapia cognitivo-conductual (sobre todo para la bulimia nerviosa y el *binge eating*), la psicoterapia breve estratégica (sobre todo para la anorexia, *binge eating* y *vomiting*) y, por último, la psicoterapia ecléctica (solo para la bulimia).

El aspecto interesante es que los cuatro tipos de intervención tienen aspectos claramente comunes, especialmente la sistémico-familiar y la breve estratégica, que comparten supuestos teóricos y operacionales. Si se diferencia la anorexia juvenil de la adulta, como sería conveniente hacer de acuerdo con las investigaciones más recientes, todavía son más claros los indicadores de cuál es la terapia más eficaz y los factores terapéuticos fundamentales.

El Royal Australian and New Zealand College of Psychiatrists ha publicado recientemente (2014) las líneas maestras para el tratamiento de los trastornos alimentarios: la anorexia juvenil se considera por fin una realidad distinta de la adulta en cuanto al tratamiento. Las evidencias científicas muestran claramente que la mejor terapia para este trastorno es la *family-based*, con un enfoque sistémico-estratégico (Le Grange et al., 2010; Lock, 2011; Russell et al., 1987; Robin et al., 1994, 1999; Ball y Mitchell, 2004; Eisler et al., 2000) orientado desde la primera sesión a producir cambios en la alimentación y aumento de peso, mientras que, en el caso de otras sintomatologías como el *vomiting* y el *exercising*, son preferibles técnicas terapéuticas específicas. El factor de pronóstico positivo es el aumento de peso de dos kilos en cuatro semanas y un cambio evidente en el tipo de alimentación de la paciente (Le Grange, 2010; Lock, 2011). Se insiste mucho en responsabilizar a los padres respecto a su función terapéutica (Le Grange et al., 2003; Le Grange, 2004; Le Grange et al., 2005; Lock, 2002), aunque esto no significa que todos los miembros de la familia deban estar presentes en todas las sesiones, puesto que la alternancia entre coloquios clínicos individuales y familiares en una misma sesión está especialmente indicada para la anorexia juvenil asociada a otras sintomatologías invalidantes *(vomiting, exercising, binge eating, purging,* abuso de sustancias y/o drogas).

Otro resultado importante de estos estudios sistemáticos es el reconocimiento de que el primer tratamiento terapéutico para la anorexia juvenil debería ser sin hospitalización, que solo es necesaria en el caso de que exista un peligro real de muerte o de daños irreversibles para la salud y, en cualquier caso, con una duración limitada. El tratamiento psicoterapéutico ambulatorio con sesiones semanales o quincenales es el más eficaz. Otra observación importante es la escasa utilidad de los tratamientos psicofarmacológicos; las últimas investigaciones no indican que exista una evidencia significativa de razones terapéuticas para utilizar la vía química con las jóvenes anoréxicas (Steffen et al., Hey et al., 2014; Kearns et al., 2003).

Respecto a la psicoterapia, es un dato importante que en este tipo de trastornos solo funcionan los modelos construidos ad hoc, es decir, centrados tanto en el cambio en tiempo breve de los factores que alimentan el trastorno, como en la extinción de la sintomatología restrictiva. Las psicoterapias de tipo genérico, no centradas en el trastorno, parecen ineficaces y pueden promover la cronificación (Dalle Grave, 2015; Lock y Couturier, 2009).

No obstante, tras haber desbloqueado la restricción alimentaria, es importante que la terapia se ocupe del resto de los problemas vitales de la joven, precisamente para asegurar la eficacia del tratamiento. Eso significa que la terapia no se concentra únicamente en la comida y en el peso, sino que se ocupa también del desarrollo de un sano equilibrio personal y de habilidades interpersonales y sociales, además de favorecer la evolución de una dinámica familiar funcional.

Como confirmación de todo lo expuesto, por si alguien albergase dudas o prejuicios, existen nuevos estudios específicos exclusivamente sobre la anorexia juvenil, realizados con los criterios rigurosos de los ensayos clínicos aleatorizados, y otros 12 estudios sobre la anorexia que incluyen una sección específica para la juvenil, como se refleja en el análisis australiano (2014). Más recientemente, los trabajos de Marcelle Barruco Costa y Tamara Melnick (2015), de

Glenn Waller (2016) y de Daniel Le Grange (2016) confirman esas evidencias empíricas.

De modo que está claro que los resultados del mundo de la investigación sobre la eficacia de los tratamientos corroboran la validez del tipo de tratamiento que hemos expuesto, a saber, una forma de terapia breve estratégica y sistémica estudiada ad hoc para la anorexia juvenil. Esta adopta las indicaciones procedentes de los estudios sobre la materia, a las que suma otras técnicas terapéuticas específicas elaboradas en la última década en el trabajo clínico directo sobre el trastorno anoréxico juvenil, y sometidas a experimentación con la investigación-intervención (Nardone et al., 1999; Nardone, 2003; Nardone y Selekman, 2011).

Eficacia y eficiencia de la terapia breve estratégica del CTS de Arezzo

Siguiendo la línea de la tradición de la Escuela de Palo Alto, nuestras investigaciones se han centrado preferentemente en las estrategias y en las estratagemas terapéuticas capaces de solucionar en tiempo breve las psicopatologías más frecuentes e invalidantes.

Para lograr este objetivo, se ha utilizado el método de la investigación-intervención en el campo de la clínica, esto es, la experimentación directa de las técnicas y su perfeccionamiento en amplias muestras de pacientes reales, utilizando grabaciones de las interacciones terapéuticas mediante un sistema de circuito cerrado de televisión.

La evaluación de los resultados[1] de las terapias ha sido acordada con los pacientes sobre una escala del 0 al 10 y se ha realizado o bien al finalizar la terapia, o con ocasión del *follow up* de control un año más tarde.

---

[1] El éxito de una terapia se establece teniendo en cuenta la remisión de los síntomas invalidantes y la recuperación de la percepción de bienestar psicológico, corroborada por mejoras significativas en las áreas vitales del sujeto.

5. Anorexia juvenil: la terapia eficaz

Ese método ha permitido elaborar más de 30 protocolos de tratamiento breve estratégico para las distintas formas de patología psíquica y conductual, con unos porcentajes de resultado terapéutico positivo superiores en muchos casos a los de las otras formas de tratamiento (Nardone, 1993; Nardone et al., 1999; Nardone y Portelli, 2005; Nardone y Watzlawick, 2005; Nardone y Portelli, 2013; Nardone y Selekman, 2011; Nardone, 2016).

En los últimos 15 años hemos añadido investigaciones cuantitativas sobre la eficacia y la eficiencia a estudios eminentemente cualitativos, a fin de cumplir con los criterios académico-científicos más recientes para la evaluación de las evidencias de eficacia terapéutica, y poder comparar así con los mismos parámetros nuestro modelo de tratamiento con los otros enfoques del panorama internacional.

Hemos hablado muchas veces (Nardone y Salvini, 2013) de hasta qué punto estos estudios nos parecen arbitrarios, reductivos y muy poco significativos desde el punto de vista del impacto sobre la posibilidad real de curación de los pacientes, puesto que esas investigaciones se realizan por lo general sobre un número reducido y muy seleccionado de pacientes, que en ocasiones no es realmente representativo de la población clínica y, por consiguiente, plantea problemas de validez ecológica del tratamiento fuera de los *laboratorios,* donde todas las variables están controladas o ponderadas. Además, en esos contextos experimentales, la validez de un tratamiento se define por los distintos tests de significatividad estadística utilizados, sin prestar atención a la significatividad clínica, que no es solo cuestión de números.

Del ensayo clínico controlado aleatorizado (RCT) (Castelnuovo et al., 2010), en el que se han comparado los resultados del tratamiento BST (modelo breve estratégico) y CBT (terapia cognitivo-conductual) en pacientes con *binge eating,* se desprende una eficacia estadísticamente significativa del BST en la mejora de la sintomatología clínica, en la normalización del peso y en los indicadores de salud general, y un mantenimiento en el tiempo de esos resultados superior al de la CBT, que se considera el *gold standard* (método de referencia) para la cura de los trastornos alimentarios.

Otros estudios de este tipo, realizados específicamente sobre la anorexia juvenil, confirman estos datos. Entre estos, las investigaciones de Robin (1994; 1999) y de Ball y Mitchell (2004), que utilizan el método RCT, extienden la comparación del modelo BST a otras formas de psicoterapia además de la cognitiva-conductual, y destacan la superioridad del BST.

Otros estudios han adoptado las evaluaciones pre y postratamiento realizadas por evaluadores externos, o sea, por psiquiatras, psicoterapeutas independientes e investigadores *puros,* no implicados en las intervenciones objeto de evaluación, que han comparado la situación inicial del paciente con la que presenta al término de la psicoterapia mediante técnicas diagnósticas internacionalmente compartidas y estandarizadas (Nardone y Barbieri Brook, 2010; Nardone, Balbi, y Valteroni, 2013). Se ha prestado especial atención a la validez exterior, es decir, a la posibilidad de generalizar los resultados en contextos culturales distintos, y por esta razón el análisis se ha realizado en Estados Unidos, Rusia, México, Colombia, España, Francia, Bélgica, Austria, Holanda y Rumanía, con porcentajes de éxito bastante similares a los obtenidos en Italia.

En cuanto a los modelos más evolucionados de tratamiento de la anorexia juvenil, el estudio evaluador de los resultados se ha realizado con el método habitual de la investigación-intervención,[2] con la ayuda de observadores externos independientes y bien formados. La muestra de sujetos analizados en las fases de pre y postterapia está compuesta por 228 casos con diagnóstico de anorexia juvenil según los criterios diagnósticos internacionales. La edad se sitúa entre los

---

2 El lector ha de saber que la realización de un estudio de eficacia de los tratamientos que tenga en cuenta el grupo de control de pacientes no tratados, además del experimental sometido al tratamiento, es imposible en la práctica clínica real. Esto se debe a que los sujetos no tratados, pero sometidos a mediciones diagnósticas y en espera de un posible tratamiento, presentan cambios positivos o negativos en su propia situación. Además, no tratar a sujetos que padecen una patología invalidante y peligrosa, como es el caso de la anorexia, con el único objetivo de responder al criterio del grupo de control en la rigurosa investigación estandarizada, no parece ético.

5. Anorexia juvenil: la terapia eficaz

12 y los 19 años, los sujetos proceden de distintas regiones italianas, excepto ocho casos que proceden del extranjero (cuatro europeos, dos estadounidenses y tres sudamericanos). Todos los pacientes han sido tratados por Giorgio Nardone y por sus colaboradores, alumnos de la Scuola di Specializzazione in Psicoterapia Breve Strategica de Arezzo, entre los años 2010 y 2016. Cada caso, una vez concluida la terapia, ha sido revisado junto con los padres, a los seis y los 12 meses (muchos de estos *follow up* se extienden hasta dos años después del resultado terapéutico) para valorar la persistencia de los cambios realizados.

En cuanto a los resultados, 41 casos son *drop-out,* con abandono de la terapia, 21 después de la primera sesión, 20 en la décima. Interpretamos el dato como un «fracaso terapéutico», aunque la literatura clínica sugiere no tener en cuenta los *drop-out* precoces en el análisis de evaluación. Sin embargo, dada la importancia que adquiere para nosotros la primera sesión por su valor no solo diagnóstico, sino sobre todo de intervención terapéutica, interpretamos el resultado como la victoria de la resistencia al cambio sobre el intento de desbloquear la situación patológica. 187 casos han sido tratados con éxito, con una duración del tratamiento que va de las cinco sesiones a un máximo de 31, en un periodo de tiempo comprendido entre los seis y los 12 meses. La mayoría de los casos ha requerido entre diez y 20 sesiones; solo en una quinta parte de los casos el tratamiento ha tenido una duración inferior a las diez sesiones o superior a las 20.

Como manifiestan los datos, sobre una muestra amplia de sujetos tratados, los éxitos terapéuticos del modelo evolucionado de terapia breve estratégica, elaborado ad hoc para la anorexia juvenil, son significativamente superiores a las otras formas de psicoterapia tanto en eficacia como en eficiencia. Además, estas conclusiones, que repiten los resultados de estudios realizados en las décadas anteriores, demuestran la validez de un modelo teórico-práctico que, sobre la base de la constante investigación empírico-experimental sobre el terreno, evoluciona continuamente adaptando sus estrategias terapéuticas a las transformaciones de las psicopatologías.

La anorexia juvenil

En palabras de George Lichtenberg, «la mejor prueba de una teoría es su aplicación».

GIANLUCA CASTELNUOVO es psicólogo, psicoterapeuta y profesor adjunto de Psicología Clínica en la Facultad de Psicología de la Universidad Católica de Milán, investigador y clínico en el Servicio y Laboratorio de Psicología Clínica del IRCCS Istituto Auxologico Italiano y miembro directivo de la Società Italiana per lo Studio dei Disturbi del Comportamento Alimentare (SIS-DCA).

Apéndice

Caso nº 1

Se trata de un caso de anorexia pura de una joven de casi 15 años, que sigue los habituales procesos de cura parahospitalaria a causa de los trastornos alimentarios y que acude a la visita en el Centro di Terapia Strategica de Arezzo acompañada de su madre, que ha solicitado una cita urgente dada la resistencia de la hija a la terapia.

A continuación se reproducen las transcripciones íntegras de las cinco primeras sesiones, en las que tiene lugar el desbloqueo del esquema patológico de percepción y reacción de la joven, junto con la introducción de una alimentación más variada, saludable y agradable, y el primer aumento de peso. Se ofrece luego un resumen de los otros objetivos importantes alcanzados y consolidados en las siguientes fases de la terapia, hasta su conclusión.

T: terapeuta; CT: coterapeuta; C: nombre de la paciente; P: paciente; M: madre; PD: padre

Primera sesión

T: Buenas tardes, siéntense. He hecho todo lo posible para recibirlas cuanto antes. ¿Cuál es el problema?

M: C. tiene un trastorno de anorexia desde hace unos meses.

Definición operativa del problema

T: Solo unos meses... Hummm. ¿Puede describirlo exactamente en todas sus fases?

M: A mí se me encendió la luz de alarma porque no le venía la regla, desde octubre de 2007, pero en un primer momento, teniendo en cuenta la edad... Pasaron así esos dos o tres meses. A principios de año, más o menos, consultamos al médico, luego a la psicóloga; nos dijeron que ellos solos no podían resolver el problema, porque parecía tener una actitud muy definida, había adelgazado varios kilos, diez desde la última vez que se pesó unos meses antes, de octubre de 2007 a enero, de 53 a 44.
Actualmente no sé cuál es su peso exacto. En cualquier caso, nos dijeron: es conveniente que se dirijan al equipo médico del hospital [...].
T: ¿Esto significa que la doctora [...] la trató durante un tiempo?
M: No, solo tuvimos una visita por indicación de la doctora [...]. Solo esta visita en la que tuvo una conversación primero con ella sola y después con nosotros, los padres. Luego me dijo que no era la persona adecuada para ayudarla porque solo se dedicaba a los procesos mentales, mientras que en su opinión en este caso había un malestar físico, no solo psíquico. Después, nos indicó que nos dirigiéramos al equipo del [...]. Allí nos dieron cita para el jueves 10. Tuvimos esta entrevista con la doctora [...]. Dos horas de conversación los tres juntos, C. y nosotros, los padres. Fue muy directa y le dijo a ella que se trata de anorexia nerviosa y que deberá hacerle unas pruebas inmediatamente. Hoy le han hecho una ecografía para ver si también han sufrido daños los órganos internos. Esta mañana le han hecho esta ecografía; la enfermera que la hacía ha dicho: el latido es

Caso nº 1

muy débil. Ella, después de esta información de la doctora [...], ha entrado en crisis porque dice: estoy enferma, ya no soy normal. Luego la doctora le ha dicho que deje inmediatamente la actividad física, porque ella jugaba al voleibol. Y está desesperada porque ya no se siente normal. También lo estamos nosotros, porque nos ha entrado la ansiedad, y el miedo de que haya algo físico, que haya sufrido daños.
T: Bien, ¿cuál es el programa de intervención del equipo?
M: El martes tenemos que ir allí. Ella no quiere. Le harán esta visita para evaluar su estado físico, en todo caso también hay un hospital de día para hacer esta rehabilitación terapéutica.
T: Y tú te has asustado...
P: Sí.
T: Pero ¿qué es lo que más te asusta: el hecho de que puedas estar enferma, como dicen ellos, o el hecho de que alguien quiera intervenir para hacer que recuperes peso?[1]   *Pregunta estratégica discriminante*
P: Más que nada que, si dejo la actividad física, en la escuela lo sabrán incluso todos los compañeros. Siento que ya no soy como antes, normal.
T: ¿Esto es lo que más te asusta?
P: Sí.
T: Hummm, tienes razón. ¿Tú le ves una salida a esta situación o no se la ves?

---

1 Las preguntas estratégicas discriminantes, formuladas en las primeras fases evaluadoras, permiten distinguir diversas modalidades de percepción y reacción del paciente ante el problema y proporcionan indicaciones sobre el proceso de diagnóstico-intervención que hay que seguir.

La anorexia juvenil

P: Bueno, de momento parece bastante difícil una salida.

T: Hummm, permíteme que te diga que, si recuperases peso rápidamente, podrías reanudar todas las actividades y nadie se enteraría de nada. ¿O es pedirte demasiado? — *Pregunta estratégica discriminante*

P: Es difícil.

T: Ah... Volvamos a la pregunta inicial: ¿qué es lo que más te asusta?

P: Recuperar peso.

T: De acuerdo, bien. Pero es evidente que, si quieres quedarte así, todo el mundo sabrá que tienes un problema, porque, además, C., ¿crees que nadie se ha dado cuenta?

P: Se han dado cuenta.

T: Si una chica como tú a los 15 años pierde diez kilos y llega a pesar 40 kilos, todo el mundo lo ve; lo llevas escrito en la frente: anorexia. Por lo tanto, me parece que este es un falso problema, permíteme que te lo diga, es doloroso, pero es la consecuencia del otro problema, no es el problema. — *Reestructuración*

Bien... Te voy a hacer otra pregunta más directa aún: ¿tienes intención de afrontar este problema y resolverlo aun sabiendo que tendrás que recuperar tu peso correcto, y con ello recuperarás también el ciclo, o en este momento crees que estás bien así? — *Pregunta estratégica discriminante*

P: Digamos que me gustaría quedarme así, pero no puedo, porque, si estoy así, estoy mal, pero querría quedarme así.

T: De acuerdo. Aprecio tu sinceridad. Me estás diciendo: una parte de mi mente me dice con fuerza: estás bien así, quédate así; la otra parte — *Paráfrasis reestructucturante*

Caso nº 1

más débil, mortecina pero razonable, dice que así no puedes estar, porque así estás mal.
P: Sí.
T: Por lo tanto, ¿crees que en este momento estás preparada para colaborar en un trabajo para volver a estar lo más guapa posible, o te parece que no puedes colaborar?
P: Creo que no puedo colaborar mucho.
T: Bien... Entonces, para ser muy sinceros, creo que el hospital de día y el suero son lo único que puedes hacer; en cambio, si mostrases una actitud colaboradora para trabajar en la alimentación y en tu propia imagen de una manera diferente, creo que todo eso podría evitarse... No te pido que me respondas ahora mismo, lo único que te pido es que valores si prefieres ir a un hospital o a una clínica donde te pondrán sueros... –y, si no funcionan, te meterán una sonda en la nariz con alimentación forzosa que te hinchará literalmente como se hace con un globo– y en poco tiempo te habrán hecho aumentar muchos kilos... O prefieres aumentar poco a poco comiendo. No hay alternativas. Piénsalo bien: tus padres, aunque quisieran satisfacer tus deseos, no pueden hacerlo porque no eres mayor de edad, ellos son tus tutores legales, tienen la patria potestad y la obligación legal de velar por tu salud. Puedes decidir si aumentar de peso en el hospital sin control y dejar que te hinchen como un globo o gradualmente, con control, decidiendo juntos lo que vas a comer. ¿Qué piensas ahora?²

Pregunta estratégica discriminante

Pregunta con ilusión de alternativa de respuesta con imagen analógica del globo

---

2   Las preguntas con ilusión de alternativa de respuesta se utilizan para orientar terapéuticamente la respuesta del paciente.

La anorexia juvenil

P: El miedo a recuperar peso, pero también las ganas de volver a ser como antes; yo no querría ir allí, al hospital de día.

T: Estoy totalmente de acuerdo contigo, pero te lo has de ganar. Vamos a intentar valorar un poco cómo evitarlo, cómo merecerlo. Pero esto significa que vas a colaborar.

Uso de la ambivalencia comunicativa para incentivar la conducta funcional

P: Sí, sí *(esboza una sonrisa)*.

T: Bien, dime qué comes actualmente a diario, desde que te levantas por la mañana hasta que te acuestas por la noche.

Indagación sobre la alimentación diaria

P: Por la mañana, cuando me levanto, tomo un zumo de fruta y dos galletas. Luego en el colegio, pero desde no hace mucho, porque antes lo había dejado, últimamente tomo té frío y un bocadillo. Después, en casa, según los días, un primer plato y un segundo, pero reducidos; luego, para merendar, tomo un yogur o un zumo de fruta, y ceno un trozo de pizza o sopa con un poco de *schiacciata*.

M: Pero esto desde hace poco, porque, mientras tanto, la doctora nos mandó a una dietóloga que nos desmontó esta dieta que consiste en la alimentación que acaba de describir ella. En realidad, durante meses no desayunaba, porque decía que no se encontraba bien y tampoco comía el bocadillo en el colegio.

De modo que podemos decir que llegaba a la comida y a la cena. Luego, desde hace unos meses, empezó con esta dieta. He observado una cosa, que no sé si es grave: escupe saliva en las servilletas de papel.

T: ¿Está segura de que es saliva?

M: Así es, las servilletas están llenas.

T: Es otra cosa y es por eso que sigue adelgazando.³

M: Es por eso, sí, porque, bien o mal, lo que ha dicho se lo come.

T: *(Dirigiéndose a C.)* Luego escupes una buena parte, ¿me equivoco? En la servilleta no hay saliva... Mira, tienes que saber que conozco tu problema y trabajo en él desde hace mucho tiempo. Y es habitual que cuando las jóvenes se ven obligadas a comer aprendan a escupir o a vomitar... Es evidente que, si comieras lo que has dicho, no adelgazarías, incluso habrías empezado a ganar peso.

M: Aunque hasta ayer ha estado haciendo mucha actividad física... Ha hecho mucha.

T: ¿Qué significa mucha?

M: Cuatro días a la semana, voleibol.

T: ¿Cuántas horas?

M: Dos horas al día.

T: ¿Qué quiere decir? ¿Eso sería mucho?

M: Sí.

T: Señora, las auténticas anoréxicas practican actividad física durante ocho horas.

(Dirigiéndose a C.) Veamos, si decidieras volver a empezar a comer sin escupir la comida, podríamos incluso reanudar la actividad física sin grandes problemas, hasta te ayudaría a recuperarte mejor que si te mantienes inactiva.

Caso nº 1

Redefinición de la conducta patológica de la paciente: no traga la comida, la escupe, y por eso sigue adelgazando

Redefinición de la actividad motriz de la paciente

Uso del placer de practicar una actividad motriz para incentivar la conducta alimentaria funcional

---

3 Además de los mecanismos de eliminación o de compensación, como el vómito, el *purging* o el *exercising*, una de las acciones más características de la conducta alimentaria de las anoréxicas es masticar un poco la comida y luego escupirla, desmenuzarla en pedacitos cada vez más pequeños, intentar esconderla debajo de los platos, en las servilletas o en los bolsillos, y comer muy lentamente.

La anorexia juvenil

Pero has de decidirlo tú, puedes dejar que te hinchen como un globo con una sonda o ganarte el derecho a que esto no se haga respetando ciertas condiciones...
P: Yo allí no quiero ir.
T: Si estuvieses segura de no engordar, ¿qué alimentos te gustarían más? ¿Preferirías lo dulce o lo salado? ¿Las comidas blandas o las crujientes? ¿Los platos fríos o los calientes?
P: La pizza crujiente con mucha *mozzarella*, tomate y unas hojas de albahaca, que huele tan bien, es mi plato preferido. Los bocadillos que hacen en el colegio con panceta ahumada, salsa de setas o de trufa son deliciosos, y las galletas con chocolate... A mí me gusta un poco de todo. El problema es ese... Pasta con picadillo, carne y también las sopas... Me encantarían.
T: Bien, puesto que la dieta que te han indicado ya contiene lo que más te gusta, desearíamos que comieses exactamente lo que te han indicado; usted (vuelto hacia la madre) simplemente ha de evitar empujarla a hacerlo. Le prepara las cosas y observa, pero en casa hay que evitar hablar del asunto, exhortarla, decirle: come. Solo hay que darle la comida. La responsabilidad es suya: si quiere acabar en el hospital y ser hinchada como un globo, el problema es suyo.
M: Pero pesando las cantidades. ¿O no?
T: Se pesa a ojo, hay que evitar convertir el peso de los alimentos en una obsesión. Usted simplemente ha de darle los alimentos acordados. Si luego los come o no, es un problema de ella. Tú sabes, C., que o recuperas de algún modo o te pondrán una sonda y te hincharán como un

Evocar el placer de los alimentos temidos

Prescripciones. Indicaciones sobre la alimentación. Conjura del silencio y observación sin intervención de la familia

globo, y está claro que, si sigues escupiendo y vomitando, ocurrirá lo mismo.
(Dirigiéndose a los padres) Ustedes vayan a la visita, porque así tendremos valores exactos de todo. De hoy al martes quedan tres días, veamos cómo se comporta ella. Si su hija ha empezado a comer de nuevo, usted se lo dice y pasarán un control al cabo de un mes. Pero es útil tener una medición, una comprobación, una especie de espada de Damocles, es como decir: esa posibilidad no deseada siempre está ahí. Esto nos ayuda. ¿De acuerdo? Me gustaría verlos el jueves próximo y veremos qué ha ocurrido.
M: ¿Le traigo los resultados, profesor?
T: Sí, tráigalos.
(Dirigiéndose a C.) Así que nos vemos el jueves y sabremos si quieres la sonda o prefieres hacerlo de otro modo, ¿de acuerdo?
P: Sí.

Como se desprende de la lectura de esta transcripción, la primera sesión está estructurada siguiendo todas las fases descritas en el texto del protocolo terapéutico para la anorexia juvenil. En la primera parte de la visita, utilizando preguntas estratégicas discriminantes, el terapeuta valora la rigidez y la afectación del sistema perceptivo-reactivo anoréxico de la paciente y tantea la motivación al cambio y la colaboración. Si la joven hubiera estado dispuesta desde el primer momento a recuperar el peso, no habría sido necesario provocar el miedo a la inminente alimentación forzosa en un hospital o una clínica.

Una vez establecida una base de colaboración sobre la que poder trabajar directamente con la paciente y los padres, se respeta el régimen alimentario indicado por la nutricionista, que preserva la sensación de placer, ya que está constituido por los alimentos preferidos por la

La anorexia juvenil

joven. Veremos luego que este régimen deberá sufrir variaciones según las respuestas de la paciente, tanto en el plano de la conducta alimentaria real, esto es, aquello con lo que se alimenta realmente, como en el de las necesidades fisiológicas descubiertas en las visitas médicas.

Finalmente, puesto que la joven, a diferencia de la mayoría de las anoréxicas, todavía no ha desarrollado la obsesión por pesar los alimentos en la báscula, otra conducta patógena que contribuye a mantener y agravar la patología –además, a menudo iatrogénica, consecuencia de intervenciones sanitarias–, se invita a la madre a no hacerlo. Cuando en el transcurso de la terapia se vea la necesidad de tener una idea exacta de la cantidad de comida ingerida, se indicará a la madre, pero solo y únicamente a ella, que utilice la báscula procurando no enseñar el peso a la hija. De este modo, se evita al mismo tiempo que se estructure una conducta rígida que limita la recuperación de un sano equilibrio, obstaculizando o impidiendo cualquier comida fuera del ámbito doméstico por la imposibilidad de tener una estimación de las cantidades, y se acostumbra a la paciente a evaluar a ojo las porciones adecuadas superando gradualmente el habitual pánico del plato lleno.

Segunda sesión

CT: Y bien, C., ¿has pensado en lo que hablamos la última vez?
P: Sí, mucho.
CT: ¿Y has comido siguiendo la dieta o has optado por el otro camino, el de la sonda, el del suero?
P: No, o sea, sobre todo después de la visita del martes he comido siguiendo la dieta, porque no fue muy bien y me asusté todavía más.
T: No había duda, por este motivo quise que la hicieses.

Indagación sobre los efectos de la primera sesión

M: De hecho, incluso se habló de ingresarla, porque está completamente deshidratada. Solo bebe agua y poca, no quiere nada más. La doctora dijo que es grave porque está muy deshidratada.
T: Después del martes, ¿qué ha ocurrido?
P: Beber más que nada, querían que bebiese cosas como Gatorade, pero a mí no me gusta mucho.
M: Suplementos dietéticos, sales minerales.
T: Sí.
P: Bueno, tal vez podría beber más agua. Además, por la mañana bebo un zumo y el té, pero es que el Gatorade...
T: Mira, vamos a hablar muy claro, C., los alimentos contienen un tanto por ciento de agua, y muchos contienen más del 70 por ciento... Basta comer más y tomar ciertos alimentos. Si comes de una manera sana, el agua la tomas de los alimentos, además de lo que bebes. Pero quiero saber qué has hecho estos días. ¿Qué has comido? Que lo diga ella *(dirigiéndose a la madre)*.
M: Veamos...
T: ¿Usted ha visto si ha aumentado la cantidad de comida o no la ha aumentado?
M: No, las cantidades son las que son, pero come, sinceramente, come. A ver, hoy ha comido un plato de arroz y carne, aunque no mucha, además, ensalada, una cerveza y un poco de agua. Además, dice que ha comido el bocadillo en la escuela, pero no puedo asegurarlo.
T: Bien. ¿Y el desayuno en casa?

Investigación dirigida a la madre sobre el régimen alimentario diario de la hija: comidas, tipo de alimentos, cantidades...

M: Con nosotros, en casa, un zumito de fruta y dos galletas.
T: Pero ¿esto hoy o también ayer y los otros días?
M: No, ayer también, digamos que no de inmediato. Vinimos aquí el sábado... Digamos que desde el martes. Concretamente, a partir del martes empezó a comer el bocadillo.
P: Sí.
M: Y desde el martes ha empezado precisamente a esforzarse, después de...
CT: ...la visita al centro.
M: Exacto, muy bien la doctora, después de esta visita, porque querían internarla como sea, según ellos ya había que hacerlo...
T: Y tú, C., ¿crees que es correcto lo que ha dicho tu madre o quieres hacer algunas precisiones?
P: Es todo correcto.
T: ¿Y en cuanto al peso?
M: 40 kilos. No sé si quiere ver los informes...
T: Sí.
M: Los otros informes no nos los han dado, solo la ecografía, porque fuimos a la privada; los otros los guardan en el centro. No obstante, fue mi marido a pedir la información del peso, porque ella estaba sola dentro. ¿Qué más te hicieron concretamente, C.?
P: Me pusieron unos esparadrapos en la mano y en el pie derecho.
T: Sí.
P: Luego hicieron que me tumbara, me pesaron, me midieron...
M: Y la cintura, quizá.
P: No, eso no.

Indagación semanal sobre el peso

T: Vale. Los índices de masa corporal, hummm, bien.

M: Bueno, digamos que el martes empezó a comer, pero a beber no, solo bebe esta agua; estamos un poco asustados, la verdad, de modo que insistimos en otras cosas, como poner la pizza por la noche... Insistimos también, sobre todo mi marido, con la naranjada, con otras bebidas, pero ella no; probablemente estamos exagerando ahora que estamos en una fase un poco...

T: ¿Recuerdan lo que les dije el otro día, no?

M: Sí, se lo dije y a mi marido también. No sé si conviene que él también esté presente en la próxima sesión.

T: Sí, tráigalo. Cuanto más se insista, más se encerrará en su postura. Ella ha de ser responsable; sabe que, si no aumenta de peso, acabará en el hospital con la sonda puesta: ha de tenerlo claro, no hay alternativas.

M: Sí, sí.

T: ¿Cómo consiguieron postergar la hospitalización?

M: Dijimos: no, no, vamos a esperar un poco. Estaba mi marido... Dijimos a la doctora que esperáramos un poco; ella respondió que la situación no era de extrema gravedad, pero le dijo a mi marido que volviéramos el martes. Así que el martes a las 12,30 tenemos que volver.

T: Perfecto, vayan.

M: Porque... ella no quiere ir, y mire...

T: No, *(dirigiéndose a C.)* tú vas, por supuesto. Si vemos que aumentas de peso, ya no volverás, ¿de acuerdo?... O sea, para ser muy sinceros, de

Reestructuración para crear aversión a la conducta disfuncional de los padres

momento se puede evitar la hospitalización solo si tú, como dice tu madre que estás haciendo, mantienes esta actitud y vemos que empiezas a aumentar.
P: Pero sé que, si voy allí, me darán medicinas.
T: Esto siempre dependerá de ti y de tus padres: decidir si hacerlo o no hacerlo; nadie te puede obligar, esto ha de quedar claro.
M: Sí, sí, yo ya se lo he dicho: escuchemos qué dice el profesor.
T: Veamos, C. La decisión depende de tus padres como te dije la otra vez, ellos son los responsables, así que ellos decidirán. Pero lo que queremos es que demuestres que mantienes esta actitud, ¿vale? Si comes como has comido hoy y como comiste ayer, es inevitable que empieces a recuperar tu peso. A menos que utilices otras estratagemas...
(Dirigiéndose a los padres) Cuando come, ¿todavía utiliza servilletas de papel o no? Después de comer, ¿va al baño o no va?
M: No, no, o sea, no inmediatamente después de haber comido, incluso me ayuda, a decir verdad, me ayuda a lavar los platos; no, este problema que tenía antes de escupir en las servilletas ya no lo veo.
T: ¿No has vuelto a hacerlo? ¿Y no has vomitado?
P: No.
M: Yo no lo veo, antes era continuo.
T: Bien. Es un cambio importante, estoy contento. ¿Cómo has conseguido dejarlo? Porque se requiere fuerza, eh...
P: Trago.

Indagación dirigida a la madre sobre conductas de eliminación de la comida o de contrarresto de la misma

Caso nº 1

T: Tragas *(sonríe)*, tragas, cierras los ojos y tragas, te esfuerzas. Muy bien, me gusta y te admiro mucho porque sé cuánto te cuesta. Esto es muy importante.
M: Eh, de hecho.
T: Es un pequeño gran resultado.
M: Sí..., bueno, profesor, por la mañana en cuanto se levanta lo hace, pero me dijo: mamá, por la mañana no consigo dejarlo; pero solo por la mañana, en ese momento.
T: ¿Qué hace?
M: Escupe.
T: Bien, pero todavía no has comido.
M: No, antes, en cuanto se levanta...
T: Bien, esto te lo permito, C., pero usted, señora...
M: ...durante el día ya no he vuelto a verlo, es la verdad.
T: ...es importante que durante estas semanas esté con su hija mientras come...
M: Sí, sí, nosotros ahora... Pero mañana me ha pedido quedarse, porque en la escuela...
T: ... quedarse en la escuela...
M: Sí, tiene que quedarse en la escuela.
T: Y en la escuela, ¿dónde comen, en la mesa?
M: No.
P: No, comemos un bocadillo, un trozo de pizza.
M: Es una excepción, porque tienen una clase de repaso.
P: Todavía no es seguro.
T: Vale, si es así... Depende de ti, C., tú lo sabes, somos nosotros los que medimos las cosas, ¿de acuerdo? Estoy contento porque has dejado

Refuerzo positivo a la paciente de la conducta funcional

No se interviene en una conducta patológica menor para no incentivar la resistencia

Incentivo a la conducta funcional y uso de la

La anorexia juvenil

de escupir lo que estabas comiendo, esto es estupendo, pero ahora hay que mantener esta actitud, de lo contrario te espera la sonda y te van a hinchar como un globo. Además, te lo repito, para mí es importante que acudas a esta visita «mala», porque hacen un trabajo que es necesario, ¿vale? En el sentido de que nos lo evitan a nosotros. De no ser así, tendríamos que hacerlo nosotros... Esa medición nos es muy útil.
M: La doctora quiere hablar con C., el martes, sé...
T: Sí, sí, son ustedes los que deciden siempre.
M: Sí, sí. Ella no quería ir de ningún modo. Ahora habrá que...
T: No, no, tú, C., escucha. Te lo repito: nadie puede obligarte a hacer nada si no lo deciden tus padres, pero para mí es importante que sepas cuál es la alternativa, de modo que o actuamos de una forma suave como lo estamos haciendo, aunque yo sé que es muy duro, o en caso contrario habrá que recurrir al método drástico... Y, además, te puedo asegurar que desgraciadamente en muchos casos no resuelve el problema, porque a menudo, cuando una joven empieza con la alimentación forzosa, entra y sale... Entra y sale... Así que o se recupera un equilibrio personal o es un desastre.
M: Es por eso que confiamos mucho, tenemos confianza en usted, y creo que usted también ha entendido este esfuerzo por nuestra parte, porque, además, también tenemos miedo, en fin...
T: Y deben tenerlo. Ahora bien, repito, la próxima vez es conveniente que venga su marido con usted, pero estos días tienen que evitar forzarla.

imagen analógica redundante de la sonda nasogástrica

Caso nº 1

Llega la hora de comer, comen. Lo importante es que después de las comidas no haya huidas al baño, no haya servilletas llenas de cosas, ¿vale? *(Dirigiéndose a C.)* Bien, si te mantienes así, comiendo lo que te han indicado, no hay necesidad de esforzarse más, ¿de acuerdo? Lo único que puedes hacer es aumentar un poco la bebida fuera de las comidas, ¿vale? Si sigues así, las cosas van solas, no hace falta añadir nada. Y ustedes *(dirigiéndose a los padres)* deben evitar insistir: «Bebe esto, come esto». La responsabilidad hay que devolvérsela a ella, porque es la única manera de movilizar sus recursos, como ya ha demostrado.
M: Sí, sí, es cierto, ha sido desde el martes.
T: Bien, me gustaría verlos el miércoles, después de haber ido allí.
M: Ah.
T: Así que mantenemos el rumbo, ¿de acuerdo?
M: Sí, nosotros, bueno, confiamos plenamente.
T: Ustedes deben observar sin intervenir, pero en las comidas han de estar presentes y tener a su hija a su lado después de las comidas, ¿de acuerdo? Y así comprobamos si desde ahora hasta el próximo martes, como sería deseable, has aumentado un poco de *peso*. *Si aumentas un* poco, podemos evitar todo lo demás, ¿de acuerdo?
P: Sí.
T: Bien. Nos vemos el miércoles.

Prescripciones dirigidas a los padres y a la paciente con objeto de incentivar las conductas funcionales, la interrupción de las disfuncionales y la responsabilización de la paciente

En el tiempo transcurrido entre la primera y la segunda sesión, la paciente ha empezado a alimentarse ingiriendo una cantidad mayor de comida. El miedo a la hospitalización y a la alimentación forzosa fuera de su control directo, que ha sido provocado también

La anorexia juvenil

por la visita médica a la que ha debido someterse, ha permitido la movilización de sus recursos en el sentido de la colaboración y del cambio terapéutico.

La indagación sobre el régimen alimentario diario con que se inicia la sesión se realiza escuchando primero el punto de vista de la madre y luego el de la hija. Respetando esta secuencia obtenemos una valoración rigurosa que, además de ratificar las posiciones jerárquicas familiares, evita que en la sesión se creen enfrentamientos, actitudes simétricas y de cierre por parte de la paciente. Si las jóvenes anoréxicas son las primeras a las que se pregunta por el seguimiento de las indicaciones alimentarias, con frecuencia declaran cantidades mayores de las reales, porque según su percepción todo lo que se ingiere siempre es demasiado, e inducen a los padres a rectificar. Se establece así una especie de duelo en la sesión que dificulta la construcción de una relación terapéutica eficaz, tan importante en las primeras fases del tratamiento.

Hay que subrayar, por último, que durante la sesión, gracias también al uso intencionado de la comunicación no verbal, el terapeuta oscila ante el paciente entre una postura asertiva y directiva, dirigida a bloquear las modalidades disfuncionales más importantes que contribuyen a la persistencia de la patología, y una postura más flexible y receptiva frente a las conductas funcionales. Será precisamente ese tono relacional el que determine la autoridad del terapeuta y le permita convertirse en un punto de referencia para la joven paciente.

Tercera sesión

T: Y bien, C., en estos días ¿has hecho algo de lo que habíamos acordado o no?
P: He seguido con la dieta.
T: ¿Cuál? ¿La tuya o la del doctor?
P: La del doctor.

Indagación sobre el proceso de cambio

Caso n° 1

T: Y el peso que aparece anotado aquí ¿ha variado respecto al anterior o sigue igual que antes?
P: Ayer no me pesaron.
T: Por lo tanto, ¿es el peso de la última vez?
M: Sí, de hace diez días, lo quisieron así. Yo quería que hubiese ganado un kilo, pero ellos me rectificaron diciendo que habría sido peor que hubiera aumentado un kilo, me dijeron: es como si uno circulase a 300 por hora y luego frenara de golpe, se sale de la carretera y choca contra un muro.
T: Es una teoría interesante. Y bien...
M: No sé si ha ganado peso. En casa hay una báscula, si quiere se pesa ella sola; yo no la he pesado. Es mayor. Si quiere, se pesa.
T: No, señora, no es mayor...⁴
M: No, no es mayor, por lo tanto, hay que obligarla. Dígaselo usted.
T: Si no, el hospital... C. Yo estoy dispuesto a ayudarte, pero hay que respetar las reglas. Si queremos evitar la hospitalización, tengo que ver cómo aumenta el peso semana a semana; si el peso no aumenta, la sonda será imprescindible. Por consiguiente, quiero que tú, al salir de aquí, vayas a casa, te peses y me llames por teléfono. Y quiero el peso semanal,

Valoración semanal del peso

Redefinición dirigida a responsabilizar a los padres

---

4   Con esa redefinición se quiere puntualizar la posición jerárquica de los padres frente a la hija menor de edad que sufre una patología. De este modo, se los incentiva a adoptar una conducta que ayude a obtener un resultado terapéutico. Si se la dejara actuar por su cuenta en la relación con la báscula, la paciente, como la mayoría de las anoréxicas en las primeras fases de la terapia, no estaría en condiciones de comunicar el peso correcto, declararía una estimación por exceso y no percibiría que pesa sobre ella la amenaza de la hospitalización que tanto desea evitar.

una vez por semana, porque es evidente que, si el plan es que empieces a aumentar –olvidemos la teoría de la frenada a 300 por hora–, estaría muy bien que aumentases gradualmente.
M: Casi me dio un ataque cuando leí esos valores. Espero que luego, poco a poco...
T: Perdóneme, léalo mejor, ¿vale? En el sentido de que la interpretación es funesta, pero, si lee el resto, no es así. Tenemos margen para trabajar, pero es un margen que puede reducirse rápidamente. De momento, todavía estamos en los 40 kilos, el peligro está por debajo de los 36 kilos. Su deshidratación no es muy grave, el índice de masa corporal indica subpeso, pero sin riesgo vital inminente.
Lo que es importante destacar ahora es si... va en una dirección o no va en esa dirección. Por lo tanto, debemos disponer de una comprobación semanal. ¿Estás de acuerdo, C.? Así que luego te vas a casa, te pesas desnuda y me llamas.
Cuando dices que has seguido la dieta, dime exactamente qué has comido desde tu punto de vista. De este modo, luego escuchamos el suyo.
P: Por la mañana, zumo y dos galletas. A las 11, bocadillo o minipizza y té, poca cantidad. Comida, primer y segundo plato, reducidos, sobre todo beber.
T: Quiero saber exactamente hasta qué punto reducidos. ¿Cuánta pasta comes a mediodía?
P: Unos 50 gramos.
M: Menos.
T: Así que ella de un plato normal come una tercera parte.
M: Poca, sí; la salsa la deja, lo evita todo.

Valoración de la cantidad y el tipo de alimentos

T: Es normal que lo haga, de lo contrario habría resuelto el problema. ¿Come la carne?
M: Un filete pequeño.
T: ¿Y pan?
M: Poquísimo, diez, tal vez 15 gramos...
T: ¿Y la guarnición?
M: Ensalada, y bebe un vasito de agua.
P: Agua bebo.
M: Sí, digamos que un vaso.
T: ¿Y qué más?
P: Para merendar, un yogur o un zumo de algo... Por la noche, depende, o una porción de pizza o sopa con un poco de queso.
T: Bien, te voy a hacer una pregunta, ya que esto es lo que te preocupa: ¿cuántas kilocalorías crees que ingieres al día?
P: No lo sé.
M: No tengo ni idea.
P: Sinceramente, no lo sé.
T: Vale. Cuando la dietista te dio la dieta...
M: Más o menos ponía que, si la seguía al pie de la letra, era de unas 1700 en total.
T: Y tú, comiendo así, ¿cuántas kilocalorías crees que son?
P: Un poco menos, porque las cantidades son inferiores, así que serán unas 1300. No lo sé.
T: Bien, ves lo que les ocurre a todas las chicas que tienen el mismo problema que tú: tu percepción de las cosas altera el tamaño, eres como Alicia en el país de las maravillas, que lo ve todo gigantesco, ¿de acuerdo? Tu alimentación contiene menos de la mitad de lo que se te ha sugerido, estás en las 700 kilocalorías diarias y es evidente que así no puedes mejorar.

Caso nº 1

Desestructuración de las creencias erróneas sobre la aportación calórica diaria utilizando el lenguaje analógico y explicativo

La anorexia juvenil

Para tranquilizarte: por la mañana, en el desayuno, comes más o menos 80 kilocalorías; el segundo desayuno, aunque hace poco que lo tomas, son 200 kilocalorías, aproximadamente, y estás en las 280. La comida del mediodía son 30 gramos de pasta, unas 109 kilocalorías, y estamos en 389. La carne que comes, 30 gramos, son 30 kilocalorías, 419. El pan, 27 kilocalorías, y estamos en 446; con la ensalada llegas a 461. Lo que tomas para merendar no llega a las 100 kilocalorías, serán 70... 531. Por la noche, aproximadamente lo mismo que en la comida, unas 184 kilocalorías. Llegas a 715 kilocalorías escasas. Por este camino la sonda es inevitable, ¿lo tienes claro?
Ahora te hago una pregunta directa: ¿te resulta más difícil aumentar la cantidad de comida manteniendo alimentos diferentes o te resultaría más fácil aumentar el total de comida incrementando la cantidad de cada cosa, en vez de combinar tantos alimentos?[5]

Pregunta estratégicamente orientada cuyo objetivo es encontrar el plan alimentario terapéutico más adecuado a la paciente

Por ejemplo, en la comida, ¿te resulta más fácil comer un plato de pasta, un buen plato de pasta, o te es más fácil comer un poco de cosas distintas como estás haciendo: pasta, carne, pan?
P: Tal vez un plato de pasta más abundante, es posible.
T: *(Dirigiéndose a la madre)* Y también fruta, porque necesitamos líquidos, ¿vale? Pero ella no lo debe saber.

5   Esta pregunta explora la importante área de interés clínico relacionada con lo que la paciente percibe menos amenazador en la modalidad de aumento de la ingesta alimentaria. Esto permite sintonizar con ella y establecer el acuerdo sobre el nuevo régimen diario de comidas.

M: También la fruta... Solo come media manzana o media pera.
T: Pero, si quitamos carne y pan y aumentamos la pasta, ha de comer un poco de fruta: fresas, kiwi... ¿De acuerdo?
M: ¿Plátanos?
T: Por la mañana. *(Dirigiéndose a C.)* Yo intento darte una recomendación, veamos si la respetas, ¿de acuerdo? Te repito: si haces lo que te digo, lo conseguiremos sin hospital y sin torturas; si no lo haces, será inevitable, ¿de acuerdo?
T: Por la mañana añades un plátano a lo que comes, que son 88 kilocalorías, pero nos conviene por sus componentes, especialmente el potasio. ¿Puedes hacerlo? Fíjate que lo estoy pactando todo contigo. Ellos no te dirán: come, come; solo te pondrán la comida delante... ¿De acuerdo? Perfecto, luego, a media mañana, bocadillo pequeño o minipizza, y a la hora de comer en vez de hacer las cosas difíciles –porque en estos casos se entierra todo y cuantas más cosas hay, más tierra se pone...– han de ser 100 gramos de pasta, pero no con salsa de carne, porque se asusta. ¿De acuerdo? Salsa de tomate, pero no se preocupe si no come la salsa... Y después le hace una mezcla de kiwi y fresas. ¿Te gustan?
P: Sí, sí.
T: Pero un buen plato. Para merendar, come lo que quieras, lo que te apetezca; por la noche, solo has de comer o 150 gramos de carne magra con verduras y un poquito de pan, 30 gramos, o 200 gramos de pescado.
M: No le gusta el pescado.

Caso nº 1

Apelación a la observancia y al seguimiento de las indicaciones terapéuticas

Negociación de los alimentos con la paciente

T: También quesos, vale, 150 gramos, imagino que solo comes los que son menos grasos...
PD y M a la vez: Sí.
T: Pero, ojo, tiene que variar el tipo de alimento en cada comida, porque debemos preservar el placer y no seguir una alimentación mecánica, porque se convierte en una tortura.
T: ¿Aceptas esto, C.?
P: Sí, pero, por ejemplo, ¿todas las noches he de comer carne?
T: Carne, queso o pizza, tú eliges. Te estoy marcando una alimentación de aproximadamente 900 kilocalorías.
Última pregunta: ¿qué actividad física estás haciendo ahora?

Valoración de la presencia de exercising

P: Ninguna.
T: Porque en el informe médico pone natación compulsiva.
M: En la escuela, dos veces por semana.
T: Esto le va muy bien. ¿Caminas mucho?
PD: Las escaleras, las sube a menudo.
T: Bien. Ustedes observen, porque debemos valorarlo todo. Llamen y digan el peso.

Prescripción a los padres: observación de los alimentos consumidos y de la presencia de actividad motriz excesiva, aunque sin intervención directa

M: ¿Tiene que ir el martes?
T: Sí, sí.
P: No quiero ir.
T: Vale, tienes que ganártelo. En esto tienen que ser drásticos. ¿De acuerdo?
P: ¿Tengo que ir por fuerza?
T: Si me demuestras que aumentas, lo evitaremos... Nos vemos la próxima semana.

Caso nº 1

Cuarta sesión

T: Bienvenidos. ¿Cómo están las cosas? ¿Quién quiere empezar?

M: Hablaré yo, como siempre... Bueno, C. tenía que aumentar de peso, ¿lo recuerda, profesor? Y, sin embargo, se ha pesado, compré una báscula digital y digamos que el peso se mantiene en los 40 kilos... 40,100; 40,150... Ha seguido bastante la dieta.

T: Mejor decir las indicaciones pactadas...

M: Eso es, sí, las indicaciones que usted le dio.

T: La palabra *dieta* olvidémosla.

M: Las ha seguido bastante en el sentido de que el bocadillo de la mañana no sabemos si se lo come; lo mismo ocurre con la merienda. O algunas veces, por ejemplo, el sábado y el domingo seguramente se la ha saltado... Y esta fruta es un poco más limitada, quiero decir que en vez de un buen plato, como dijo usted, come un kiwi, unas fresas, o una pera o una manzana; pero en cualquier caso incluso cuando come fresas no es un buen plato...

T: He de decir que ya me lo imaginaba, digamos que estaba previsto. Todo lo que no está bajo control se ve mal y se reduce *(dirigiéndose a C.)*, ¿no es cierto?

P: Sí.

M: Sin embargo, ha comido y cenado con nosotros, como usted decía.

T: Por lo tanto, ¿las normas que dimos las ha respetado?

M: Sí, sí, puedo decir que sí... *(Dirigiéndose al marido)* ¿No es cierto, A.? En general, sí.

Indagación sobre el proceso de cambio

Por ejemplo, a mediodía come cien gramos de pasta y por la noche, 150 gramos de carne, o queso o pizza.
T: ¿Y por la mañana también?
M: Sí. Por la mañana, ese plátano, tal vez se lo ha saltado algún día.
T: Bien.
M: Sí, el desayuno. Sí, pero está un poco preocupada porque no se ha producido este aumento...
T: Bien, de acuerdo, pensemos un poco... Lo que acordamos la última vez no era una indicación para aumentar de peso; si se quita el bocadillo del desayuno, pero incluso con el bocadillo, haciendo un simple cálculo, no llegamos a las mil kilocalorías y así no se aumenta, para aumentar hay que superar esas cantidades. Pero en estos casos no podemos empezar a hacerla comer de golpe, porque se asusta.
M: Sí... Además, dice que no le gusta.
T: Es obvio, es evidente. Estoy contento porque, para mí, el primer objetivo era establecer una relación por la que tú, C., empezases a alimentarte de forma variada, comiendo cosas que por lo general las chicas como tú no quieren ni ver, como la pasta y el plátano, consideradas *off limits:* el plátano se asocia con una cosa exageradamente azucarada y la pasta, con una cosa calórica que hincha la barriga y los muslos. Para mí, eso ya es mucho, pero está claro que no basta; es el primer paso al que hay que añadir otros pasos. Pero despacio, porque estamos trabajando con un diamante: si le damos un golpe demasiado fuerte, se rompe; si es demasiado flojo, no incide en el punto adecuado...

Refuerzo positivo a la paciente del resultado alcanzado con redefinición de los objetivos terapéuticos utilizando también el lenguaje analógico

M: Sí, sí.
T: ¿Has estado asustada por lo que has comido o lo has tolerado bastante bien? *Pregunta estratégica discriminante*
P: Bueno, tal vez al principio la pasta me parecía mucha, abundante.
T: Al principio...
P: Y también la cena. O sea, ambas cosas.
T: Luego...
P: Luego, ahora va un poco mejor.
T: Vale, muy bien. Ya ves que poco a poco te acostumbras, nos acostumbramos a todo, ¿no? Del mismo modo que te acostumbraste a reducir, reducir, reducir hasta ese poco que te parecía mucho, a la inversa sucede lo mismo, nos acostumbramos gradualmente.
P: Sí.
T: ¿Has estado nerviosa, agitada o has estado más tranquila?[6] *Pregunta estratégica discriminante*
P: En algunos momentos, al ir a la mesa, estaba más tranquila.
T: Muy bien... Y en tu vida fuera de la relación con la comida, ¿cómo va?[7] *Pregunta estratégicamente orientada*
P: Sí.
T: Sí... ¿Qué significa? ¿Qué ocurre en tu vida en la escuela y con los demás?
P: O sea, siempre ha estado un poco presente el pensamiento de este problema.

---

6   Estas preguntas permiten distinguir si el sistema perceptivo-reactivo anoréxico está en fase de desestructuración o no. Es importante que al añadir alimentos el miedo y el rechazo sean sustituidos pronto por la sensación de tranquilidad y el placer.

7   Esta pregunta, al extender la evaluación de la paciente a la vida relacional, social, escolar, permite obtener más indicadores del proceso terapéutico realizado y del que todavía está por hacer.

T: ¿Cuál es el pensamiento?
P: O sea, tal vez que…, porque, pesándome, no conseguía aumentar.
T: Bien. Así que el pensamiento en este caso es la pregunta de por qué no aumento.
P: No, o sea, quiero decir… O sea, ahora que como más, me siento incluso mejor.
T: Ah…
P: Prácticamente pensaba incluso que había aumentado, porque me sentía mejor.
T: *(Sonriendo)* Buena asociación.
CT: Como, aumento.
P: No. Como, me siento mejor, aumento.
CT: En una semana.
T: Ojalá fuese así.
CT: Ojalá.
P: Pero luego iba allí a pesarme y el resultado no era este.
M: Hubo un momento de pánico en casa, porque ella, una de esas mañanas, se pesó sola…
T: Había disminuido…
M: Y me dijo que había disminuido. Había bajado a 39, y se asustó. Yo me enfadé y le dije: ahora mismo vamos al hospital, aunque nadie nos mande.
T: ¡Muy bien!
M: Allí tuvo miedo, dijo: no… No… Pero es que incluso había disminuido.
T: El tipo de alimentación fijada, aunque supera en términos calóricos la que tomaba antes, tiene un componente de proteínas mayor, que por lo general se consumen en horario vespertino en lugar de los platos con carbohidratos que comía C. Así, además de activar el metabolismo a ayu-

Reestructuración a través del lenguaje explicativo del plan alimentario terapéutico introducido

darnos a poner masa magra, se mantiene bajo el nivel de glucemia y de insulina, que a menudo son responsables de los fenómenos inflamatorios, de las hinchazones y, si exageramos, del engorde.
M: Sí, sí...
T: Pero luego C. ha recuperado y ha recuperado de manera diferente, es fundamental a su edad poner masa magra, formada por los músculos que se nutren de proteínas.
M: Sí, de hecho, desde hace tres mañanas la peso yo, aunque tal vez, no sé, sea un error... Nos dijo una vez por semana, pero como me asusté tanto... Todas las mañanas se pesa desnuda antes de desayunar.
T: Muy bien. Y siempre está la posibilidad del hospital.
PD: Incluso está cerca.
M: Sí, yo, en realidad...
T: Es un momento, están las urgencias, y rápidamente la sonda, el suero, todo es muy rápido. *(Dirigiéndose al padre)* ¿Así que el papá se ha tranquilizado un poco o sigue asustado?
PD: No. Me estoy tranquilizando, en parte, porque veo que ella se esfuerza. Sin duda, hay que reconocérselo. Por otra parte, también veo que le cuesta muchísimo.
T: Al principio es así...
PD: El hecho es que tal vez me estoy equivocando. Al principio la fuerzo un poco, en el sentido de que digo: prueba...
T: No, evítelo, debe evitarlo completamente.
PD: Pero es que la veo: si come el plátano, lo rasca, lo rasca todo, quita los hilillos de los pedacitos, lo va limando todo...

Apelación a los padres a observar y seguir las prescripciones:
1. Observar

La anorexia juvenil

T: Es su estilo, el estilo de las que son como ella...
PD: Las galletas, dos...
M: Y poco, poquísimo pan.
T: Pero, disculpen, cada vez que intervienen no me ayudan a ayudarla. Ella sabe cuáles son sus dosis. Hoy aumentaremos un poquito, tiene que apañarse. Ustedes simplemente han de estar allí, impasibles hasta que haya acabado, nada más... Pero deben evitar decir «vamos, vamos, hazlo así», deben evitarlo a toda costa. Ustedes simplemente han de estar allí y, como hemos dicho, permanecer con ella durante una hora, ¿vale?
M: Una hora: C. se queda menos rato.
T: Una hora... Ese es su deber, ¿de acuerdo?
PD: Esto no lo hacemos.
T: Pues tienen que hacerlo.
M: Tal vez no lo habíamos entendido...
PD: ...porque ella se va enseguida...
M: No, enseguida no, se entretiene un poco, pero no había pensado en esta hora, es así, sinceramente.
T: Hummm, hummm.
M: Sí, y ha de quedarse con nosotros.
T: Una hora es el mínimo... Justamente porque quiero evitar cualquier otro tipo de riesgo. ¿De acuerdo?
M: ¡¿Entendido, C.?!
PD: Ven a estudiar conmigo, que te pregunto la lección...
T: Sí, sí, tiene razón, C. *(Dirigiéndose a la madre)* Irá con su hija sin problemas. Tú lo sabes, C., estoy confiando mucho en ti, pero como no estoy trabajando solo con tu persona, sino con

sin intervenir directamente.
2. Después de las comidas, permanecer una hora con la hija

Uso de la comunicación ambivalente con la paciente para reforzar la relación

una patología que se ha convertido, lo sabes muy bien, como en otra persona dentro de ti, es justamente a ese otro huésped al que debemos mantener a raya, porque podría tener la tentación de hacer otras cosas, de no seguirnos. De modo que no te estoy descalificando a ti, estoy descalificando a esa otra parte de ti..., la que debemos mantener completamente a raya. ¿De acuerdo?[8]

terapéutica y disminuir las resistencias al cambio (doble vínculo terapéutico)

M: También ocurre, perdone profesor, también en relación con este tema, que, por ejemplo, esta noche saldrá a cenar con las amigas, como mínimo esto sucede una vez por semana.
T: Menos mal que sucede, es importante que sea así.
M: Es evidente que en ese caso no se la puede vigilar.
T: Pero es importante que salga con las amigas, en cualquier caso ella sabe que por la mañana se la vigila en la báscula, ¿no es cierto?
M: Cierto, cierto, vamos allí y está la báscula.
T: Está la báscula y las urgencias muy cerca, lo sabemos. ¿Adónde vas esta noche, C.? ¿Qué coméis? ¿Pizza?
P: Sí.
T: Muy bien.
M: Además, es su cumpleaños.
T: ¿Cuántos años cumples esta noche?
P: Quince.

Redefinición en positivo y refuerzo de las actividades relacionales y sociales de la paciente con sus compañeros

---

8   En este caso se utiliza esta fórmula de doble vínculo para mantener una relación cálida y acogedora con la paciente, que prevé directividad y control de las conductas adscritas a la patología llamada metafóricamente «la otra parte de ella».

La anorexia juvenil

T: Hummm… Bien, estoy muy contento. Bueno, ¿ya sabes, verdad, que debemos aumentar un poco las dosis? *(La paciente sonríe)* Acabo de ver una sonrisa que se ha convertido en una mueca, ¿no? Pero hay que hacerlo así… Debemos aumentar un poquito, ¿vale? Y debemos aumentar un poquito en las tres comidas principales. Es evidente que lo mejor sería que te comieras el bocadillo de media mañana, pero, como estamos hablando con la otra parte de ti, yo no sé si esta otra parte te lo hace comer o no, por lo tanto, hemos de aumentar donde controlamos a la otra. Quisiera que por la mañana, además del plátano, las galletas pasaran a ser tres y no dos. ¿De acuerdo? No es mucho, ¿no?
En cuanto a la pasta, no se puede poner más de cien gramos, porque sería pesada para cualquiera, ¿verdad? De modo que añadiremos alguna otra cosa… Un poquito de segundo, ¿te parece bien? Muy poco, ¿de acuerdo? Y sé que es un paso importante, porque en tu cabeza se mantiene la idea «ahora como alimentos distintos en la misma comida», pero es importante, ¿vale? De modo que lo que quieras, o carne o pescado, 50 gramos, no más… Muy poco, ¿de acuerdo? Por la noche sigue igual que ahora, pero añadimos un poco de pan, 50 gramos.
M: Esta semana pasada ha comido menos de 30 gramos de pan. Nos parece muy poco.
T: ¿Cuánto?
M: Una rebanada pequeña; además, C. prefiere la *schiacciata* al pan.

Utilización del doble vínculo terapéutico para incentivar la observación y el seguimiento de las nuevas indicaciones alimentarias que prevén el aumento de comida y la asociación de alimentos diferentes

T: Como usted le prepara las porciones, no exageremos... 40 gramos, ¿de acuerdo?
M: Pan o *schiacciata*, bien. ¿En la comida o en la cena?
T: En la comida en que no haya pasta, por tanto, en la cena, hemos dicho.
P: 50 gramos en la cena, mamá... Como él dice *(señalando al profesor)*.
T: Te lo pesan tus padres, tú solo lo verás en el plato en la mesa, C. Voy a tranquilizarte de nuevo. ¿Cuánto crees que hemos añadido? Tú que eres mejor que yo contando kilocalorías, eres una científica prometedora, ¿cuánto hemos añadido? Una galleta, ¿cuánto es una galleta más? ¿Cuántas kilocalorías más? ¿23? ¿Lo digo bien?
P: Sí.
T: Mira, vamos a calcular por exceso... 25, ¿de acuerdo? 50 gramos más de carne en la comida, carne magra como la que tú comerás, son 55 kilocalorías, bien... Por lo tanto, 80 kilocalorías. Si comías –al menos unos días, porque tus padres han dicho que luego redujiste– hasta 30 gramos de pan y nosotros añadimos diez gramos, son otras 110 kilocalorías... De modo que, en realidad, solo hemos añadido 190 kilocalorías. Ahora bien, lo que me temo, puedo decírtelo, es que todavía tengamos problemas con la báscula, pero habrá que aceptarlo. Tenemos que ir despacio para llegar, ¿de acuerdo?
P: Sí.
T: Bien.
M: ¿Seguimos con la fruta abundante?
T: Sí, toda la que quiera, y también el yogur, ¿de acuerdo? Mira, C., yo asumo toda esa res-

Incentivo al compliance *terapéutico tranquilizando sobre el aporte calórico introducido*

ponsabilidad de ayudarte sin recurrir a la clínica y lo hago de muy buen grado, pero, como has visto, soy muy intransigente, quiero que las cosas se hagan de una determinada manera... Tú hasta ahora lo has hecho, estoy contento, avancemos...
(Dirigiéndose a los padres) Ya les he anticipado que desde ahora hasta la semana próxima puede ser difícil que vean subir la báscula tanto como quisieran. Lo importante es mantener el rumbo yendo despacio, ¿de acuerdo?
M: Sí.
T: Bien, nos vemos la semana próxima.

Referzo positivo a la paciente y anticipación a los padres de la posibilidad de un aumento mínimo de peso para evitar que activen soluciones intentadas disfuncionales

Quinta sesión

T: ¿Cómo vamos?
P: Nada, esta mañana me he pesado como todas las mañanas y pesaba 40,6.
T: ¿Y esto qué significa?
P: Que he aumentado un poco.
T: Pero has aumentado... Bien. ¿Y ha sido gradual o solo hoy?
P: No, ha sido gradual.
T: Ha sido gradual.
P: Sí.
T: O sea, todos los días veíais algo.
M: No, o sea, no exactamente así, hubo un día que más, 40,7, por ejemplo, otra mañana 40,5 y hoy 40,6. Pero bueno, en cualquier caso, ha habido un aumento.
T: Bien... Así que ¿cuánto crees que has aumentado?

Indagación sobre el proceso de cambio

P: Medio kilo.
T: Perfecto.
T: ¿Te has asustado o estás contenta?
P: No, o sea, creía que aumentaría incluso más, porque con lo que he comido...
T: Recuerda que el otro día te tranquilicé, te dije que con lo que comerías el aumento de peso sería mínimo o inexistente; *la otra tú* te hace ver y creer que son raciones enormes, pero le hemos demostrado lo contrario.
P: Sí.
T: Esto significa que has respetado muy bien lo que acordamos.
P: Sí.
T: ¿Sin problemas?
P: Más o menos.
T: Algún que otro problemilla ha habido.
P: Sí.
M: No... Se ha portado bien, de verdad, en casa lo ha respetado, solo que después se siente... Dice: «No puedo hacerlo». Luego me quedo allí una hora, aunque a ella esto no le parece muy bien, pero luego es ella misma la que me dice: «Mamá, ven». Es ella la que lo pide. Se queja mucho de que se siente llena.
T: Esto, C., tienes que asumirlo: con la restricción progresiva has ralentizado los procesos digestivos y has acostumbrado a tu estómago a estar semivacío. Ahora el organismo tiene que entrenarse: al aumentar gradualmente el volumen de lo que comes, el malestar físico también desaparecerá, pero sobre todo desaparecerá el psíquico, el miedo a convertirte de golpe en una fatibomba, y esto es lo más importante. Bien.

Caso n° 1

Pregunta estatégicamente discriminante

Uso del doble vínculo terapéutico para redefinir e incentivar los progresos

(Dirigiéndose a los padres) ¿Los padres están un poquito más tranquilos o todavía no?
PD: Sí... Sí, un poquito más tranquilos, aunque ella todavía...
T: He dicho poquito, poquito...
PD: Sí, sí.
M: Sí, yo estoy contenta porque veo que ella...
T: ...está decidida, ¿no?
M: Sí, sí, come, un poco menos... Entre otras cosas disminuye la fruta, porque come una pera, una manzana, un kiwi, unas fresas, pero no un buen plato como usted nos dijo; el plátano, en cambio, siempre, todas las mañanas, se porta muy bien. Hoy ha ocurrido... No nos hemos entendido, o ella o yo... Había ensalada de arroz, un buen plato, y como esta noche hay pizza, tenía esta ensalada de arroz y un poco de carne, 50 gramos, y ella decía que no tenía que comer la *schiacciata* o el pan –los 40 gramos no los ha comido– y en cambio yo creía que debía comerlos.
T: Tenía razón ella, C. es muy precisa, dijimos que las dos comidas han de estar organizadas siempre con un porcentaje de carbohidratos y un porcentaje de proteínas, ¿de acuerdo? Por la noche predominan las proteínas, a mediodía los carbohidratos, pero ella ya tenía un buen plato de arroz.
M: Pero si ocurre...
T: De acuerdo, también se puede alternar, basta que de las dos comidas en una dominen los carbohidratos. En ese caso se come pasta o arroz y luego 50 gramos de carne, guarnición y fruta, mientras que por la noche tenías razón

tú, C., por la noche la ración de carne, de queso o de pescado y 40 gramos de pan.
M: Bueno hoy en realidad no acaba de encajar, porque tenemos pizza.
T: Hoy está bien. Piense que la pizza se incluye entre los carbohidratos pero también lleva *mozzarella,* que tiene un componente de proteínas, pero sobre todo es uno de los platos que a su hija más le gusta.
M: Sí, sí.
T: Esta semana, C., la idea de comer estos alimentos, más allá de que te moleste un poco, ¿te ha costado mucho esfuerzo o crees que los podemos mantener?
P: Mantener, sí, pero aumentar, no sé.
T: Mira, nosotros solo tenemos esta medida, vale, que ha de ser clara: si comiendo así la báscula sigue subiendo, no tenemos prisa, ¿de acuerdo? Y, como hemos dicho, has sido muy precisa, exacta. Queremos medio kilo por semana. Si seguimos adelante así, es perfecto, un reloj suizo de esos de alta precisión; pero, si vemos que la báscula no sube, la próxima vez se ajusta y se aumenta un poco, ¿de acuerdo?
P: Sí.
T: Ahora lo más importante en lo que estamos haciendo es que, puesto que C. sabe cuáles son sus gustos, hay que procurar que estos sean respetados e incentivados. De modo que, si esta noche hay pizza que tanto te gusta...
P: Sí.
T: Perfecto. Muy bien. Y no hay que ser rígidos en la aportación diaria y semanal. Lo importante es que ahora empezamos a intro-

Caso nº 1

Pregunta estratégica discriminante

Uso de la técnica go slow para no incentivar la resistencia al cambio

Reestructuración de la importancia de la flexibilidad y del

ducir también el concepto de placer, que es el verdadero antagonista de tu problema.

placer en el régimen alimentario de la paciente

Cuando uno empieza a tener un problema como el tuyo, la primera sensación, ya sabes cuál es, ¿no? Lo que antes me gustaba se vuelve amenazador, después espantoso, luego causa aversión, y ya no quieres verlo, hasta que suscita fobia, ¿no es cierto? Nosotros estamos recorriendo el camino a la inversa, ¿de acuerdo? Y nadie quiere que estés gorda, sino solo lo más guapa y en forma posible. Al llegar a ese punto estabilizaremos el resultado de la mejor manera... Y hemos de conseguir que comas lo que más te gusta manteniendo el peso, podemos lograrlo sin problemas, basta realizar un tipo de entrenamiento, como estás haciendo, como estáis haciendo todos. ¿Qué vida llevas? ¿La normal o un poco apartada?

Pregunta estratégica discriminante

P: No, si comparo con antes, cuando jugaba al voleibol, no hago nada.
T: O sea, que vas a la escuela por la mañana, pero luego termina la escuela... ¿Te pasas el día en casa o sales con gente?
P: Por lo general, si no hay mucho que estudiar, salgo.
T: Por lo tanto, te relacionas con gente.
P: Sí, sí.
T: Bien. Lo único que tenemos que hacer ahora es mantener el rumbo. Por lo tanto, si vemos que esta semana la báscula sigue subiendo, no hay problema; si la báscula se detiene, la próxima vez que nos veamos pactamos de nuevo la alimentación, ¿de acuerdo? Simplemente esto. La dirección es la correcta.

Refuerzo positivo a la paciente y a los padres y apelación al mantenimiento del rumbo terapéutico

Caso nº 1

M: Sí, pero se queja, tiene miedo de no conseguirlo.
T: Va muy bien, tú sabes que lo que queremos es medio kilo a la semana, ni más, ni menos, como un reloj suizo, como lo has hecho esta vez, ¿de acuerdo?
P: Sí.
PD: Perdone, profesor, ¿no le irían bien unos suplementos dietéticos?
T: Si le diéramos suplementos dietéticos, los convertiríamos en sustitutos de los alimentos, y lo que queremos es que vuelva a apreciarlos por el placer de comerlos, como sensación, son lo que más nos ayuda en este momento.
PD y M: De acuerdo.
T: Nos vemos la semana próxima. Adiós.

Después de cuatro sesiones desde el comienzo de la terapia, se ha obtenido el primer aumento de peso de medio kilo, con la introducción de una alimentación que prevé la asociación de carbohidratos y proteínas en cada comida y el aumento de las raciones. Para desbloquear el rígido sistema perceptivo-reactivo anoréxico frente a la comida y evitar las recaídas, es importante que la paciente acepte gradualmente comidas que combinen diversos tipos de platos y que progresivamente elija con mayor libertad sus alimentos preferidos, según sus gustos. Justamente por esto se tranquiliza a los padres sobre las transgresiones al esquema alimentario establecido que la hija se ha permitido espontáneamente. Esas conductas son indicadoras de una mayor flexibilidad en la modalidad perceptiva, cognitiva y conductual frente a la alimentación, que va acompañada de la importante presencia del placer no solo en relación con la comida, sino también con la vida relacional y social. De modo que esta se ve reforzada positivamente.

La anorexia juvenil

Se siguen incentivando las conductas y las actitudes de los padres que son útiles para la remisión de la patología y el bloqueo de las que no son útiles, como, por ejemplo, la adición en esta fase del proceso terapéutico de suplementos dietéticos, cuyo suministro a las anoréxicas constituye a menudo una solución intentada que contribuye al mantenimiento del problema: las desmotiva aún más respecto a la comida, porque creen que ya han ingerido lo suficiente para garantizar su supervivencia y su salud.

Durante los meses siguientes la joven siguió aumentando medio kilo a la semana hasta recuperar del todo su peso ideal, con un régimen alimentario saludable, pero basado en la flexibilidad y en el placer. Además, reanudó la actividad deportiva y recuperó el pleno interés por la vida de relación, incluyendo un primer amor adolescente.

Hoy, la joven anoréxica ha cumplido 23 años y está estudiando psicología.

Caso nº 2

Este caso, claramente diferente del primero por la *aparente facilidad* con la que se obtuvo la plena colaboración terapéutica de la paciente, ha sido seleccionado como ejemplo de una terapia bastante breve del trastorno anoréxico juvenil. A continuación se reproducen las transcripciones íntegras de todo el proceso terapéutico, que comprende diez sesiones, incluido el primer *follow up* tres meses después de acabar la terapia. Eso no quiere decir que el tratamiento fuera sencillo; al contrario, exigió un trabajo intenso sobre los aspectos personales e interpersonales relacionados con la patología.

T: terapeuta; P: paciente; M: madre; PD: padre

Primera sesión

T: Buenas tardes, ¿cuál es el problema que los ha traído aquí?
(La madre señala a la hija)
T: ¿Puede describirlo de la manera más concreta posible?

Definición operativa del problema

M: Veamos, en 2009 empezó una dieta porque pesaba 63 kilos. Quería adelgazar porque siempre le había sobrado algún kilito, quería estar guapa. Pero luego empezó a controlar demasiado y a perder peso con excesiva rapidez. Cuando dejó de tener la regla empezamos a preocuparnos, porque

practicaba deporte, jugaba al voleibol, y ya no era capaz de hacerlo. Fuimos al Policlínico. Allí trabajan con terapias de grupo.
T: ¿Terapia de grupo o familiar?
M: Terapia para los padres y terapia de grupo para las chicas. Pero ni siquiera con la nutricionista percibimos ninguna mejora; es más, obtenía del grupo todas las informaciones negativas para empeorar esta situación.
Hemos llegado al punto de que tiembla delante de la comida, tiene miedo de comer, siempre le parece que es demasiado, de repente tiene ataques de pánico, se alarma, está aterrorizada y se ve gorda. En su opinión, tiene las piernas gordas, por tanto, siempre tiene miedo de comer. Ahora come sobre todo verduras. El pan, aunque lo ponemos en la mesa, apenas lo prueba. En el desayuno, carbohidratos, una galleta con gran esfuerzo. Hace casi dos años que no tiene la regla. Ahora incluso ha dejado la escuela, porque ve que no consigue concentrarse. Está cursando cuarto de bachillerato de letras, y con notas excelentes, pero desgraciadamente ahora...
T: ¿Todavía hace vida social o la ha abandonado? *Pregunta estratégicamente orientada*
M: Digamos que salía con gente, ahora solo tiene dos o tres amigos a los que ve muy poco, la verdad. Ahora que ha dejado la escuela, no quiere estar en casa por la mañana, viene al trabajo conmigo: yo soy conserje en una escuela. No, no es que tenga muchos amigos, eh...
T: Bien, bien. *(Dirigiéndose a la paciente)* ¿Has venido aquí por la fuerza o por tu propia voluntad? *Pregunta estratégica discriminante*
P: No... O sea, mamá me habló de este centro y... No, he venido por mi propia voluntad.

T: Por lo tanto, ¿tú crees que tienes un problema que resolver o crees que no lo tienes?
P: Tengo un problema...
T: ¿Sabrías describirme cuál es tu problema?
(Breve pausa)
P: Ya no sé comer, cómo comer y ya no sé reconocerme tal como soy realmente.
T: Bien, bien... Por lo tanto, ¿tú reconoces que cuando te miras lo haces con lentes deformantes, o no lo crees posible?
P: A veces consigo verme tal como realmente soy.
T: Y en ese momento te ves gorda, inmensamente gorda, ¿o no?
P: La mayoría de las veces sí.
T: Y cuando me dices «no sé qué comer», ¿quieres decir que todo te parece demasiado?
P: Sí.
T: Bien, bien, pero tú me dices: «Soy consciente de que esto es un problema». Por lo tanto, la pregunta siguiente es: ¿quieres resolver este problema o crees que es imposible resolverlo?
P: Quiero resolverlo.
T: Bien, por lo tanto, si yo te pido que hagas cosas que se oponen a tus sensaciones, ¿intentarás hacerlas o no lo intentarás?
P: Las haré.
T: Bien, este ya es un paso adelante. Estoy contento. ¿Qué comes a lo largo de todo el día?
P: Desayuno: café con leche casi siempre o té con galletas... Casi nada...
T: ¿Casi nada qué quiere decir? ¿Una galleta?
P: A veces una galleta o medio biscote.
T: ¿Y ya pasas a la comida?
P: Sí.

Pregunta estratégica discriminante

Pregunta estratégica discriminante

Pregunta estratégica discriminante

Pregunta estratégica orientada

Pregunta estratégica discriminante

Pregunta estratégica discriminante

Indagación sobre la alimentación diaria: tipo de alimentos consumidos y cantidades

La anorexia juvenil

T: ¿Qué comes a mediodía?
P: Pasta..., cualquier tipo de sopa... Pero poco, muy poco.
T: ¿Cuánta pasta comes?
P: Menos de 50 gramos.
T: Vale.
P: Y luego la fruta.
T: Bien.
P: Y, como tentempié, fruta.
T: Luego llegas a la cena y ¿qué comes?
P: Lo mismo que los demás, pero poco... Muy poco... De hecho, cuando me meto en la cama tengo mareos.
T: Me lo imagino.
P: Un poco de fruta...
T: Bien, veamos, ¿qué haces durante el día? ¿Cómo es un día cualquiera para ti?[1] *Pregunta estratégica discriminante*
P: Ahora voy a la escuela infantil... con mi madre, hasta las dos. Si no, digamos..., si no salimos, me quedo en casa y raras veces salgo con mis amigos.
T: Vale, o sea, que en realidad vas con tu madre o te quedas en casa...
P: Hummm, sí.
T: ¿Esta es toda la familia o hay hermanos? *Indagación sobre el sistema familiar*
M: Un hermano más pequeño, de 13 años.
T: Bien. Y en esta situación, ¿cuál es el papel del padre? *Indagación sobre las soluciones intentadas*
PD: Intento hacer lo posible en la medida que puedo. Como soy un ignorante en la materia, a

---

1 Esta pregunta extiende la evaluación diagnóstica a los ámbitos vitales que están al margen de la comida, con objeto de destacar los factores que limitan e incentivan el proceso de curación de la paciente.

veces estoy callado, porque no sé si lo hago bien o mal...
T: Por supuesto...
PD: Salimos mucho con ella, sobre todo vamos de tiendas, o al bar a tomar algo. A ella le gusta mucho salir, digamos, no es que quiera quedarse en casa...
T: Con ustedes, ya... Salir con ustedes, pero...
PD: Es muy inteligente... Le gusta jugar a bolos, al billar, en resumen...
T: ¡Son cosas de hombres!
(Sonríen)
P: Eh... Me gusta jugar a los bolos.
T: Bien, es divertido, está bien.
PD: Antes jugaba al voleibol, iba a la piscina... Realmente tenía un buen físico, o sea, jugaba en las categorías superiores porque era buena. Le gustaba el deporte. Todavía le gusta, pero no tiene fuerzas para hacerlo... Le gusta vestirse, le gusta estar guapa y creo que es una buena cosa...
T: A medias...
PD: Si una quiere, puede aprender a estar guapa... ¿Por qué no es una cosa muy buena?
T: Digamos que mitad buena y mitad lo contrario...
M: ...es el origen del problema.
(Asienten)
M: Profesor, si puede ayudar, nosotros estamos separados, prácticamente nos vemos por la noche cuando se reúne la familia. Cenamos juntos, pero durante el día cada uno va por su lado, los hijos están conmigo, luego por la noche nos reunimos.
T: ¿Tiene usted otra familia?
PD: No, no. Estamos separados legalmente, pero digamos que estamos juntos. No nos vemos por

La anorexia juvenil

la mañana porque yo me voy a trabajar; ella se va a trabajar y nos reunimos sobre las 18,30-19 horas al volver del trabajo.
T: Pero ¿duermen bajo el mismo techo?
PD: Ahora no, porque mi madre no está bien y duermo en su casa aunque esté la cuidadora, pero en cuanto pueda iré a dormir con mi hija... *(Le acaricia la cabeza)*.
T: ¿Puedo preguntarles cuánto tiempo llevan separados? *Preguntas estratégicamente orientadas*
M: Tres años, casi cuatro.
T: ¿Cuánto hace que empezó el trastorno?[2]
M: Digamos que la decisión de empezar la dieta se tomó después de la separación.
P: Después... En noviembre empecé la dieta.
M: Unos meses después de marcharnos de casa.
T: ¿Y por qué razón se marcharon de casa?
M: Bueno... Él se quedó en casa y nosotros nos marchamos.
T: Vale. Por lo tanto, la madre y los hijos se fueron a otra casa.
M: Sí.
T: *(Dirigiéndose a la paciente)* Por lo tanto, ¿estás dispuesta a seguir mis indicaciones, aunque te diga lo que tienes que comer? ¿Quieres que hagamos un experimento terapéutico? ¿Veamos lo que eres capaz de hacer? *Creación del acuerdo con la paciente*
P: Hummm... Sí.
T: Bien, lo que querría de ti es que gradualmente lleguemos a una alimentación correcta que para *Reestructuración de las creencias erróneas*

---

2 Con estas preguntas estratégicamente orientadas se evalúan los procesos familiares que probablemente han contribuido a la formación del trastorno como posibles factores desencadenantes.

alguien como tú supone no menos de 1400 y no más de 1600 kilocalorías al día. Ante todo, nadie quiere que estés gorda, sino solo lo más guapa y en forma posible. Por lo tanto, nunca querré que te pongas gorda, ¿de acuerdo? Ya te he dicho: no más de 1600 kilocalorías, pero tampoco menos de 1400. Porque una cosa que no sabes y que no saben la mayoría de tus colegas es que a veces se puede comer poquísimo y extrañamente no adelgazar, o incluso aumentar de peso, porque el metabolismo se ralentiza y a menudo con los alimentos seleccionados tendéis a hincharos como consecuencia de la restricción y de los procesos inflamatorios. Esto ocurre cuando se come por debajo de determinados niveles, ¿está claro? En cambio, si permites que te ayuden, volveremos a poner las cosas en su sitio, ¿de acuerdo? Pero antes quiero hacerte una pregunta: ¿cuánto crees que deberías pesar?
P: 50.
T: Perfecto, estamos de acuerdo.
P: Porque antes estaba...
T: Estabas demasiado...
P: A los 50 terminé la dieta.
T: 50 kilos, estás perfecta. Estoy de acuerdo. Por lo tanto, no hay trucos, ¿vale?
P: Sí.
T: Bien, si estuvieses segura de no engordar, ¿cuáles son las galletas que más te gustaría comer por la mañana? ¿Las más deseadas?
P: Me gustan las galletas de limón.
T: ¿Las compráis o las hace tu madre?
P: No, las compramos.
T: ¿Cuáles son? No las conozco.

Caso nº 2

sobre la alimentación y sobre la ingesta de calorías

Acuerdo sobre el peso que hay que alcanzar

Evocar el placer de la comida

M: Son galletas duras, ¡pastas con sabor a limón!
T: Tú y yo tenemos que ponernos de acuerdo en todo, calculando juntos las kilocalorías de lo que comes, para llegar a comer de una manera correcta, pero basándonos en las cosas que te gustan, porque el antagonista de tu problema es permitirse el placer aunque de manera controlada... Así que lo que te aterroriza es que te deje entregarte al placer de los alimentos y vuelvas a los 63 kilos, ¿no?

Negociación con la paciente del régimen alimentario diario

P: Sí. A veces..., a veces, eh..., a veces alguna galletita...
T: Te la permites, ¿no?
P: No, digamos que me gustaría. ¡Y también un trozo de pastel, doctor!
T: Entonces, por la mañana, las famosas galletas: ¿cuántas kilocalorías crees que tienen?
P: 50, tal vez...
T: Te lo digo yo, 44 kilocalorías por galleta, Si comes cinco, son 220 kilocalorías. Si tomas un café con leche, son 300 kilocalorías. ¿Podemos permitírnoslo?
P: Hummm, se puede hacer.
T: Muy bien, ¿Nos lo permitimos entonces?
(Asiente)
T: Por la mañana, 300 kilocalorías. A mediodía, ¿coméis pasta habitualmente?
M: Vamos cambiando... Pasta con verduras o legumbres.
T: ¿Te gusta la pasta?
P: La pasta a mediodía... Sí, me gusta.
T: Es buena, bien. Cien gramos de pasta, ¿cuántas kilocalorías crees que tienen?
P: 300...

T: 365, para ser más exactos, más el condimento, 400-420 kilocalorías. ¿Nos lo podemos permitir?
P: La cantidad que tomo ahora es inferior...
T: Lo sé, pero te estoy diciendo que tenemos que llegar a un determinado número de kilocalorías, porque de lo contrario tu organismo se defiende, ralentiza el metabolismo y acumula grasas y toxinas... No queremos celulitis. Es horrible, ¿no?
(Asiente)
T: Bien, por lo tanto, cien gramos son 330 más el condimento llegamos a las 400 kilocalorías, aproximadamente. Nos lo podemos permitir, ¿no?
P: Hummm.
T: Porque, sumadas a las 300 kilocalorías del desayuno, llegamos a 700, y estamos muy por debajo... ¿De acuerdo? Después de la pasta, ¿te gusta comer fruta?
P: Sí.
T: ¿Qué fruta es la que más te gusta?
P: Las naranjas.
T: Muy bien. Son 74 kilocalorías, una hermosa naranja grande, ¿vale? Hemos llegado a las 774 kilocalorías. Estamos todavía muy por debajo... ¿Pasas directamente a la cena o meriendas?
P: Como fruta: una manzana o un plátano.
T: Perfecto. El plátano es ideal. Son 88 kilocalorías, pero lo importante es que contiene algo que para ti es muy valioso, el potasio. ¿De acuerdo?
P: Hummm, sí...
T: Por tanto, ¿a cuánto estamos? Vamos a contar los dos, 862 kilocalorías, yo no quiero llegar inmediatamente a las 1400, llegaremos despacio. Me basta con estar por encima de las mil, porque de lo contrario tu organismo se defiende, ¿de acuerdo?

Uso de la técnica del go slow para no incentivar la resistencia

La anorexia juvenil

P: Hummm.
T: Y para cenar, ¿qué es lo que te gusta?
P: Por ejemplo, una semana carne, pescado, algún día *ricotta*...
T: Perfecto, porque hasta ahora hemos introducido carbohidratos y dulces. Necesitamos proteínas. La *ricotta* es perfecta. Pero ¿cuántas kilocalorías tiene la *ricotta*? ¿Lo sabes?
P: No.
T: La *ricotta* de vaca tiene 146 kilocalorías por cien gramos... Es muy poco. Por ejemplo, cuando comas *ricotta,* deberías comer 200 gramos. Cuando comas carne blanca, 200 gramos; pescado, 250. Cuando comas carne roja, 150 gramos. ¿Podemos hacerlo?
P: Hummm, sí.
T: ¿Qué verduras te gustan más?
P: Todas.
T: Muy bien, ¿un poco de pan o nada de pan?
P: De momento, no como...
T: Da igual... Lo importante es que sean estas cantidades, ¿de acuerdo?
T: Veamos, te he propuesto un plan de alimentación de 1000-1300 kilocalorías. Para empezar es perfecto.
(Dirigiéndose a los padres) Ustedes tienen que evitar hablar del problema, porque el mero hecho de hablar lo alimenta. Les pido, por lo tanto, que hagan una especie de conjura del silencio sobre el trastorno de su hija. Y ella *(dirigiéndose a la madre)* ha de respetar el plan de alimentación pactado, ¿lo recuerda? *(Repiten las cantidades).*
M: ¿Y qué pasa con lo que ve en el plato?

Prescripciones dirigidas a los padres: 1. Conjura del silencio sobre el problema.
2. Observación sin intervención directa.
3. Preparación de las comidas según el plan de alimentación pactado

Caso nº 2

T: Ha hecho un pacto conmigo... *(Dirigiéndose a la paciente)* ¿No es cierto?
P: Cierto.
T: Y, por la mañana, cinco galletas de limón. Pero de ahora en adelante hay que evitar como sea hablar de comida... El tema lo trataremos en la próxima visita, ¿de acuerdo?
PD y M: Sí.
T: Bien. Nos vemos dentro de dos semanas.

En la primera sesión, el terapeuta a través de numerosas preguntas estratégicas discriminantes ha evaluado la rigidez del sistema de percepción y reacción patológico de la paciente, la motivación al cambio y, sin necesidad de recurrir al miedo a la alimentación forzosa en el hospital, ha obtenido su colaboración para introducir una alimentación adecuada que le permita recuperar el bienestar psicofísico y el peso acordado.

La investigación sobre el sistema relacional, familiar y escolar revela importantes factores de mantenimiento y potencial agravamiento del trastorno. La paciente ha abandonado los estudios y ha interrumpido la práctica del deporte de competición, encerrándose en un aislamiento que solo se rompe cuando sale con sus padres y, especialmente, con las actividades que desarrolla junto a la madre. Se ha configurado con ello una relación complementaria patológica madre-hija, que contribuye a mantener el aislamiento de la joven y sus dificultades en la relación con la comida y consigo misma.

Segunda sesión

T: ¿Qué tal ha ido todo en estas semanas?
P: Un poco mejor que antes. No he conseguido respetar la cantidad de pasta, los cien gramos completos. El desayuno va mejor, antes propiamente no desayunaba... También he tomado el

Indagación sobre los efectos de la primera sesión

La anorexia juvenil

tentempié, aunque dos días no comí el plátano. Estoy mejor, un poco mejor.

T: ¿Y cuál es el efecto en cuanto a sensaciones?

P: La primera vez que desayuné pensaba «bueno, ahora como dos, poco a poco llego a las cinco». Y, sin embargo, ya el primer día comí cinco y hasta ahora no me he mareado.

Pregunta estratégicamente orientada

T: ¡Qué me dices! ¡Qué raro!

P: Hasta ahora he conseguido hacerlo.

T: ¿Y los días siguientes?

P: Lo mismo. Por la noche me mareo un poco.

T: Y la mamá ¿qué dice?

M: He visto que los ataques de pánico que antes eran frecuentes y espantosos han desaparecido por arte de magia...

T: ¡Por arte de magia! *(Ríen)*

M: Antes temblaba delante de la comida, ahora ella se prepara el plato y dice: «Como poco, pero quiero estar tranquila». No he intervenido y me he sentido liberada de un peso. Excelente su indicación «ocúpese de sus asuntos», porque yo ya no sabía qué hacer...

T: Yo no dije exactamente «ocúpese de sus asuntos».

M: Conjura del silencio.

T: Bien, observar sin intervenir, conjura del silencio.

M: Y he estado tranquila, porque antes hablaba demasiado y su ansiedad aumentaba cuando yo hablaba demasiado.

T: O sea, que me está diciendo que en estas dos semanas se ha producido un buen cambio...

P: También con el espejo: antes siempre me miraba, antes de vestirme, ahora raramente, digamos...

T: Y, perdona, aumentando así la cantidad de comida, ¿te has sentido explotar, convertirte en una asquerosa bola de grasa, o has tenido sensaciones diferentes? — *Pregunta estratégica discriminante*
P: No...
T: ¿Cómo te has sentido?
P: Bien.
T: De acuerdo, bien. Tengo que felicitarte por tu sonrisa, que es mucho más resplandeciente, y por tus ojos, que brillan. Aunque tú obviamente no puedes verte, la diferencia respecto al otro día es muy grande. Y creo que tu madre puede dar fe de ello, ¿no? — *Refuerzo positivo para incentivar el cambio realizado*
M: Hummm, sí.
T: Bien. Y en la familia, ¿cómo han reaccionado ante este cambio? — *Indagación de las reacciones al cambio del sistema familiar*
M: ¡Conjura del silencio!
(Ríen)
T: ¡Alto ahí! ¡No rompamos la magia!
M: Nunca hemos hecho observaciones, ni la más mínima... Incluso ella me dice: «Mamá, he intentado esto, he hecho lo otro». Y yo le contesto: «Ya sabes que has hecho un pacto con el profesor, tú lo sabes. Piensa en la sesión, tú sabrás si has hecho lo que debías hacer o no, yo no sé nada».
P: De hecho, al principio pensaba: ¿cómo es que mamá no dice nada?
(Sonríen)
T: ¿Cómo es que está callada?
CT: ¡Nos sentíamos mal!
T: ¿Sabe lo que dicen sus colegas, las que son un poco malvadas? ¡Por fin ha encontrado a alguien que la hace callar! — *Uso de la ironía para reforzar la relación*

La anorexia juvenil

Bien, y al margen de la comida, ¿cómo ha sido tu vida esta semana?
P: He dejado la escuela. En definitiva, sigo mal.
T: ¿Sigues tan preocupada y tan asustada?
P: No, no, respecto al futuro, más tranquila.
T: Bien.
P: O sea, antes, si cometía un error, era imperdonable, como una condena, pero ahora estoy viendo que..., tal vez..., ya no lo veo como un error, sino como un cambio, siempre hay algo nuevo.
T: Esto es muy importante, el hecho de que aceptes incluso cometer un error, que nunca es una condena, sino una evolución. Muy bien.
Mira, el trastorno que trajiste la otra vez es una armadura que protege, pero que también aprisiona. Si se empieza a desmontar la armadura, nos damos cuenta de que se puede vivir la vida cometiendo pequeñas violaciones, pequeños errores que nos ayudan a mejorar, es decir, se descubre que el pequeño error no es una condena, sino un paso hacia atrás que nos permitirá dar dos hacia delante; es ese tropiezo que nos hace descubrir que somos capaces de recuperar el equilibrio y que, si no se produjera, no tendríamos la posibilidad de desarrollar la confianza en nosotros y en la capacidad de recuperación. Bien, bien... ¿Te has pesado?
P: No.
T: ¿Has tenido miedo o no lo haces sistemáticamente?
P: No lo hago nunca.
T: Y, cuando te miras al espejo, ¿te ves gorda o no?
P: No, solo a veces.

Indagación sobre la vida escolar, de relación social

Pregunta estratégicamente orientada

Reestructuración sobre la posibilidad de error que refuerza el cambio producido en la percepción de la paciente

Pregunta estratégica discriminante

Pregunta estratégica discriminante

T: Vale, estoy muy contento...
P: Además, en un par de ocasiones me vi delgada.
T: Esto merece una explicación, ¿sabes? Te voy a poner un ejemplo: cuando acuden a mí muchachas que están realmente en peligro de muerte, con 28-29 kilos, la paradoja es que hasta que no alcanzan un subpeso peligroso se ven gordas. Concertamos una visita y les digo: «Cuando llegues a los 45 kilos, de repente te verás delgadísima». Y responden: «¡Cuentos, profesor!». Luego, cuando llegan a los 45 kilos, descubren puntualmente que tenía razón, porque la trampa de la anorexia es justamente el efecto dismorfofóbico sobre nuestra percepción. Si empiezas a comer de nuevo como has hecho tú, te miras al espejo y te ves extrañamente delgada; por lo tanto, la recuperación de una percepción correcta se producirá paralelamente al mantenimiento de este rumbo. En este momento no quiero aumentar nada. Quiero que mantengas lo que hemos establecido y luego, según cómo te sientas, ajustaremos el tiro, porque, además, ya lo hemos dicho, una chica como tú, con tu estructura, debería ingerir unas 1400 kilocalorías, ni menos ni más, disfrutando de la vida, la comida y todo lo demás, ¿de acuerdo? Así que por ahora lo importante es consolidar lo que hemos conquistado, luego avanzaremos pasito a pasito, pero quiero decirte que el paso más importante ya lo has dado. Has hecho la mitad del trabajo. Ahora vamos a mantenerlo, ¿de acuerdo?
P: Sí.
M: Sí.
T: Nos vemos dentro de dos semanas.

Uso del lenguaje explicativo para informar de los efectos dismorfofóbicos de la alimentación restrictiva y para sostener y consolidar el cambio realizado

La anorexia juvenil

En el tiempo transcurrido entre la primera y la segunda sesión se han producido en la paciente importantes cambios tanto en la relación con la comida, como en la relación consigo misma. De hecho, a la recuperación de una alimentación más saludable se han añadido la disminución de la dismorfofobia, la mejora del humor y la reducción de los estados de ansiedad. También la actitud perfeccionista se ha suavizado hasta el punto de que la joven dice que considera la posibilidad de error con serenidad y como estímulo para el crecimiento personal. Las prescripciones a los padres han interrumpido algunas conductas que alimentaban el trastorno y han beneficiado tanto a la hija como a los propios padres, en especial a la madre, más involucrada en la relación con la hija.

Tercera sesión

T: Y bien, ¿qué nos cuentas? ¿Qué tal estas dos semanas? *Indagación sobre los efectos de la segunda sesión*
P: Mejor que antes...
T: ¿Mejor aún?
P: Sí, me siento mejor que las semanas anteriores.
T: Bien. ¿Y qué es, en tu opinión, lo que te hace sentir mejor? *Pregunta estratégicamente orientada*
P: Estoy más serena, realmente más serena.
T: Bien. Y la mamá ¿también lo nota?
M: Sí, sí... La veo más comunicativa, más extravertida que antes, menos cerrada...
T: Hummm, y sintiéndote más serena, ¿qué cambia concretamente en tu vida diaria? *Redefinición con uso del lenguaje analógico-evocador*
P: Tal vez que, si he de tomar una decisión o salir con los amigos, tengo más ganas de hacerlo, estoy menos pasiva.
T: Menos encerrada en la armadura que se había convertido en una prisión.

M: En todos los sentidos, también con su hermano se muestra más atenta, se preocupa más.
T: ¿Crees que todavía llevas la armadura o ya la hemos roto? *Pregunta estratégica discriminante*
P: Todavía la llevo...
T: ¿Cómo se manifiesta nuestra armadura, que antes era una prisión y ahora solo una armadura? *Pregunta estratégicamente orientada*
P: A veces cuando me miro, por ejemplo, es como si la armadura todavía me dijese «estás enorme». En cambio, otras veces me dice «no es verdad», y se me pasa.
T: Bien.
P: En ocasiones, sin embargo, empiezan los llantos... Me entran crisis de llanto.
T: ¿Ahora cómo te ves en el espejo normalmente? ¿Gordísima, enorme, o te ves de manera un poco más equilibrada? *Pregunta estratégica discriminante*
P: Un poco mejor.
T: Por tanto, ¿cómo te ves?
P: A veces, cuando tengo un problema voy a mamá y le pregunto si solo yo me veo así...
T: Ah, así que solo de vez en cuando te pones las lentes de aumento... Esa es la famosa armadura. Bien, estamos realmente contentos. De verdad. Y estás más sonriente aún... *(Dirigiéndose a los padres)* ¿Ustedes también notan estos cambios? *Refuerzo positivo al cambio*
M: Sí, sí... Está más serena, menos ansiosa. Antes de repente necesitaba salir, tenía que salir, porque la casa le quedaba estrecha... Ahora está más calmada.
T: ¿Has conseguido respetar nuestros acuerdos alimentarios? *Indagación sobre el régimen alimentario diario acordado*
P: La pasta, a medias...

La anorexia juvenil

T: ¿La pasta a medias significa que no has comido la cantidad acordada?
P: Sí.
T: ¿Y ha sido como rebelión ante la idea o por qué motivo? *Pregunta estratégica discriminante*
P: No sé... Me sentía muy llena.
T: Bien. Y tu cuerpo ¿qué dice, no ante el espejo sino en la báscula?³ *Pregunta estratégicamente orientada*
P: No lo sé.
M: No se pesa.
T: Lo recuerdo. Solo quería comprobar si esta vez le habían entrado ganas.
M: Le he controlado la presión y ha mejorado ligeramente. Antes estaba a 90 y 60, ahora está a 106 y 67, aunque por la noche sigue teniendo mareos.
T: Y la ropa, ¿qué tal? ¿Sigues con la misma talla?
P: Sí, la misma.
CT: ¿Has probado la variante de poner una capa finísima de mermelada sobre la tostada de la mañana?
P: No, todavía no...
T: ¿Demasiado arriesgado todavía?
P: Es como si adquiriese nuevos hábitos... Por ejemplo, por la mañana desayuno siempre con la misma taza.
T: Es como si en todas las cosas pretendieras establecer normas, ¿no? Una vez que una cosa se

---

3   Esta pregunta tiene como objetivo comprobar de nuevo el cambio producido en el sistema de percepción y reacción anoréxico. De hecho, a menudo las mejoras iniciales en la alimentación y en las sensaciones corporales se viven con preocupación, como una amenaza, hasta el punto de que pueden desencadenar nuevamente el control obsesivo del peso y los mecanismos de compensación y eliminación de la comida.

ha hecho de una determinada manera, se repite de esta manera, siempre de la misma manera...
P: Sí.
M: Además, aunque por la mañana no va a la escuela, quiere venir conmigo al trabajo, porque, si se queda sola en casa, entra en crisis, y cuando ha de desayunar antes me pregunta: «¿Puedo desayunar?»... Y luego desayuna.
T: O sea, ¿en este momento rechazas la pasta?
P: Como la mitad.
M: Además, antes controlaba la cantidad de aceite; ahora ha comprobado que la pasta sin aceite no tiene buen sabor y me permite hacerlo.
T: ¡Ya me dirás, eh!
M: Sí, en una ocasión me permitió poner aceite... Luego, al probarla sin aceite, le dio asco, y ¡desde entonces la come con aceite!
T: Bien. Pero tú sabes que no podemos correr el riesgo de retroceder... Así que estoy de acuerdo en que comas la mitad de pasta –a mí, por ejemplo, la pasta no me entusiasma... Soy uno de los pocos italianos que casi nunca come pasta–. Puedes comer cualquier otra cosa...

Apelación a la observancia y al seguimiento de las indicaciones alimentarias acordadas

P: ¿Podría comer una rebanada de pan por la noche?
T: ¡Perfecto! Si comes una rebanada de pan por la noche, perfecto. Ves, tú sola has encontrado la solución...
Has dicho que empiezas a salir de nuevo un poco con los amigos, ¿no es cierto? ¿Cómo te encuentras? ¿Te sientes transparente o te ven?[4]

Pregunta estratégica discriminante

---

4   En el proceso de curación hay que prestar especial atención a las vivencias de las pacientes ante las relaciones interpersonales, a menudo fuente de notable malestar y sufrimiento, que refuerzan la restricción alimentaria con los consiguientes debilitamiento y distanciamiento perceptivo-emocionales.

La anorexia juvenil

P: No, estoy más presente. Precisamente ayer me dijo un amigo que me ve distinta, más presente...
T: Ya te expliqué que tu problema no es solo con la comida. Te apartas de todo y de todos. La solución no es solo comer, sino también descubrir todas las sensaciones placenteras, especialmente la relación con los demás; y la relación con los demás debería ser diaria. ¿Puedes hacerlo o no te ves capaz?
P: Antes iba al colegio, ahora es más difícil. Cuando ellos están libres nos vemos.
T: Basta con que mantengas el contacto. Los contactos han de ser diarios; es extraordinariamente importante.
P: Sí, esto lo hago, sí.
T: Bien...
Otra pregunta: ¿qué piensas hacer con los estudios?
P: Todavía no... me siento con fuerzas.
T: ¿Te desestabilizarías demasiado?
P: Sí.
T: Era solo una pregunta, no un mandato. Lo importante es que mantengas el contacto con los compañeros y los amigos. Pero ¿crees que en un futuro volverás a la escuela o la dejarás?
P: No lo sé... Necesito más tiempo.
T: Volveremos a hablar de ello. Sin prisas. Para nosotros lo importante es mantener lo que estamos haciendo con la comida, porque ya has roto la prisión y nos has permitido abrir la armadura, y las relaciones con los demás, que son justamente la antiarmadura. ¿De acuerdo?
P: Quería decir que todos los días juego un poco al voleibol en el gimnasio de la escuela donde trabaja mamá...

Reestructuración dirigida a incentivar la recuperación de la vida de relación con los compañeros

Creación del acuerdo para establecer contactos diarios con los compañeros

Pregunta estratégicamente orientada

Pregunta estratégica discriminante

Uso de la técnica del go slow para no incentivar la resistencia y para promover la consolidación de los objetivos alcanzados

T: ¿Tú sola?
P: Sí.
T: ¿Durante cuánto tiempo?
P: Solo un poco...
T: Puedes jugar media hora.
P: No, solo un poco.
T: Por supuesto, puedes jugar un poco.
P: Bien.
T: Nos vemos dentro de dos semanas.

La ruptura del sistema perceptivo-reactivo anoréxico se pone de manifiesto no solo por la comida, sino también por el interés por las relaciones con los compañeros, que ahora se viven con agrado. Se incentivan así los contactos diarios con los amigos, mientras se exploran las percepciones, las emociones y las intenciones respecto al abandono escolar, sin intervenir directamente para solicitar su reanudación. En realidad, al promover y consolidar los resultados obtenidos, será la propia joven la que considere oportuno y deseable el regreso a la escuela.

Cuarta sesión

T: ¿Qué nos cuentas? ¿Cómo han ido estas semanas?
P: Hay días en que me siento un poco perdida... –tal vez porque no voy a la escuela. Estoy esperando el comienzo del curso para estar ocupada de nuevo– y en cambio hay días en que empiezo a gustarme...
T: Oh. Explícanoslo mejor.
P: Me miro al espejo y no me veo un globo... Me veo normal.
T: Así que hay días en los que el espejo no es de aumento, y cuando te miras te dices: «¡Pero... si soy mona!».
¿Cómo ha sido tu relación con el mundo exterior?

Indagación sobre el proceso de cambio: alimentación, relación consigo misma, relación con los demás

Redefinición utilizando el lenguaje analógico

La anorexia juvenil

P: Cuando no veo a los amigos hablo con ellos por teléfono.
T: ¿Tienes algún pretendiente o sigues en estado de abstinencia?
P: Todavía no lo tengo...
T: ¿Has seguido con nuestros acuerdos alimentarios?
P: El pan, la primera semana, no conseguí comerlo, en cambio esos últimos días sí. Incluso lo necesitaba junto con el acompañamiento, porque por la noche seguían los mareos.
T: Y la báscula ¿qué nos dice?
P: No me peso...
T: No quieres pesarte, pero el espejo nos dice que te ves mejor. Y la mamá ¿qué dice?
M: Que querría que empezase a vivir su vida. Porque ahora viene al trabajo conmigo. Pasamos media vida juntas... Ella debería vivir la suya.
T: Por ahora es pedir demasiado. *Redefinición con uso de la técnica go slow*
M: Ah, pues esperaremos.
T: ¿Hemos llegado a la alimentación que habíamos acordado o no?
M: Ella pesa 50 gramos de pasta: ¿es correcto o no?
CT: Es correcto.
(La madre se excusa con la hija)
T: ¿Te ha costado mantener el acuerdo o lo has conseguido bastante bien? *Pregunta estratégica discriminante*
P: Bien.
T: Bien. ¿Crees que este es el rumbo correcto o no? *Pregunta estratégica discriminante*
P: ¡Correcto!
T: Por tanto, crees que este es el método correcto... Cuando tu madre dice que le gustaría que cada una viviese su propia vida y no una vida compartida, ¿qué piensas? *Pregunta estratégicamente orientada*

P: Es cierto. Esto me duele. Siento que no me corresponde... Se trata de su trabajo y yo...
T: Y cuando tu madre te dice «me gustaría que no vinieras siempre conmigo», ¿crees que serías capaz de hacer algo en ese sentido o que es pronto, como yo he sostenido?

Pregunta estratégica discriminante

P: Ahora comienzan unos cursos, es decir, si me aceptan la inscripción, voy a hacer otra cosa.
T: Por lo tanto, dices: «Si empiezan los cursos, estaré ocupada y podré dejar de seguir a mamá». ¡Por eso eres capaz de hacerlo!
CT: ¿De qué son esos cursos?
P: Repostería...
T: Uhmmm, fíjate, vas a ser una gran repostera.
M: Ya lo es...
T: ¿Vas a estar ocupada todos los días?
P: No, tres días a la semana. Dan un certificado. Dura dos meses.
T: Bien, así el resto del tiempo lo puedes dedicar a tu vida... y a ver si llega algún pretendiente... *(Dirigiéndose a la madre)* Según la mamá, ¿no hay ningún pretendiente o sí los hay?
M: Debería salir con más gente... Por ahora, no veo en el horizonte... Sin embargo, no es que tenga algo mal.
T: ¿Es una pregunta o una afirmación? Esto forma parte de su trastorno, porque, mire, ella no piensa ni remotamente que es estupenda. Se ve como un monstruito que no puede gustar a nadie y que, en caso de gustar a alguien, sería porque ese alguien tiene problemas aún peores... ¿No es cierto? *(la paciente asiente)* Mire, la mayoría de las muchachas que tienen este problema son guapas, espléndidas, pero se ven todo lo contrario.

Reestructuración que sintoniza con la percepción de la paciente

La anorexia juvenil

M: Ella siempre ha sido insegura..., incluso cuando estudiaba. Se sabía toda la lección de memoria, pero nunca se sentía suficientemente preparada.
T: En el plano de la belleza o de la capacidad de despertar deseo, la sensación de no gustar es todavía peor...
M: *(Dirigiéndose a la hija)* Lo decía porque hay chicas peores que tú que van por el mundo llenas de orgullo y no son tan guapas... En cambio, tú... ¿por qué no te aprecias?
T: Esto no se lo diga, ¿vale?
M: Sí, ya paro. Lo decía...
T: Bien. Estamos muy contentos de que empieces este curso, pero, aunque no lo hagas, encontrarás otras actividades que te gusten o que despierten tu interés, ¿vale? Y mantengamos lo que hemos acordado... Te lo ruego. ¿De acuerdo?
P: Sí, sí.

Bloqueo de las soluciones intentadas disfuncionales maternas

Refuerzo positivo e incentivo para el mantenimiento de los acuerdos terapéuticos

Las mejoras en la relación con la comida, en la percepción de sí misma y en las relaciones sociales se han mantenido y consolidado, y empieza a surgir el deseo de tener una vida propia, autónoma y distinta de la materna. Por consiguiente, no se le prescribe directamente que deje de compartir con su madre buena parte del día, sino que se la anima a implicarse en distintas actividades elegidas por ella según sus intereses.

Quinta sesión

T: Y bien, ¿cómo has pasado estas dos semanas? ¿Has empezado el curso de repostería?
P: Me gusta porque me siento más autónoma; digamos que tengo ganas de ir al curso..., como si lo necesitase...

Indagación sobre el proceso de cambio: sentido de sí misma, relaciones sociales

T: Bien, bien. ¿Y cómo estás con las otras personas?
P: Bien.
T: ¿Nadie te trata como si fueras la que has dejado atrás?
P: ¿Cómo?
T: Quiero decir, ¿nadie percibe que tienes un problema?
P: No, no.
T: Y tú ¿te portas como la persona que no tiene problemas o todavía te sientes frágil y has de defenderte de algo? *Pregunta estratégica discriminante*
P: No, en realidad estoy más abierta...
T: Y en cuanto a tu aspecto físico, ¿también estás tranquila o no? *Pregunta estratégica discriminante*
P: No..., en esto no. Es como si, cuando me miro con mis ojos, me viese fea, un poco gorda, redonda... En cambio, si me miro con los ojos de los demás, ocurre lo contrario.
T: ¿O sea?
P: Guapa. Es como si tuviese algún problema en este sentido.
T: Vamos a ver, ¿cuáles son los ojos más correctos? ¿Los tuyos o los suyos? *Pregunta estratégica discriminante*
P: Los suyos.
T: El que sufre o ha sufrido un problema como el tuyo pasa por una fase en la que lo indicado es justamente adoptar la mirada de los demás, porque es más realista y fiable que la tuya. Tus ojos son lentes deformantes que hacen que te veas siempre gorda y te obligan a practicar la abstinencia. Tienes que adoptar la mirada de los demás. Esto está bien, muy bien. *Reestructuración para incentivar la conducta funcional*
(Dirigiéndose a la madre) Y la mamá ¿qué dice?
M: Sí, la veo más tranquila.

La anorexia juvenil

(La muchacha llora)
T: Son lágrimas hermosas... Hay una espléndida imagen india de las lágrimas que han de transformarse en perlas cuando se ha superado un sufrimiento, un dolor y un sacrificio.

M: Cuando va a clase está serena e incluso ha trabado amistad con otra chica, con la que estuvo hablando durante el viaje de ida y con la que se intercambiaron enseguida los teléfonos. ¡Antes hubiera sido impensable! En cambio, cuando por la mañana viene conmigo la veo bloqueada, angustiada...

T: Diría que ahora ya puede dejar de hacerlo, ¿no?

M: Hummm... Porque dice que tiene miedo de desayunar ella sola.

T: Sí, pero podrías desayunar con tu madre antes de que se marche. Luego empezamos a ocuparnos de la joya que transforma las lágrimas en perlas, porque, si sigues yendo a la escuela con ella, asistiéndola y siendo asistida, sigues diciéndote a ti misma: estás enferma. Debemos procurar que te gestiones por ti misma, de una manera autónoma. En cualquier caso, ahora vienen las vacaciones...

M: Sí, nos vamos mañana a ver a los abuelos...

T: Bien, cuando volváis de vacaciones, me gustaría que te quedases en casa, ¿de acuerdo? Tienes que empezar a organizar tu jornada sin ella [madre] mientras esperas que empiecen las clases, para ir aflojando ese cordón y convertirte en una persona independiente y autónoma. Llama a una amiga, llama a quien quieras, pero no vayas con tu madre. Así que vamos a mantener todo lo que hemos conseguido, porque te

Reestructuración con uso del lenguaje analógico

Reestructuración con uso del lenguaje explicativo y analógico para interrumpir la conducta disfuncional

Prescripciones:
1. Mantenimiento de los resultados conseguidos;
2. En la relación con el mundo exterior fiarse de la percepción de los demás en el juicio estético de la paciente;
3. Interrupción de la

veo muy bien. Ahora lo que hay que hacer es utilizar los ojos de los demás y añadir la relación con el mundo exterior: por la mañana puedes salir, ver gente, llamar a alguien... ¿De acuerdo? Desayunad juntas, luego tú te vuelves a la cama y ella se va a trabajar. ¿Crees que lo conseguirás o te estoy pidiendo demasiado?

complementariedad patógena madre-hija

P: No... No. Puedo hacerlo.
T: Y también la madre tiene que marcharse sin temer lo peor, ¿vale?
M: Es que tiene mareos por la mañana...
T: Desayunad juntas precisamente por esto, luego márchese al trabajo mientras su hija se ocupa de su aspecto y se cuida ella sola, ¿de acuerdo?
M: De acuerdo...

El proceso de cambio ha ido mejorando progresivamente tanto desde el punto de vista personal como interpersonal, hasta el punto de que surge ahora la necesidad de autoafirmación. En esta fase se puede intervenir directamente para bloquear las conductas que siguen alimentando la complementariedad patológica madre-hija, porque supone un obstáculo a la emancipación y crecimiento de la hija.

Sexta sesión

T: ¿Cómo han ido las cosas durante este tiempo? ¿Cómo has pasado los días?

Indagación sobre el proceso de cambio

P: Se está desvaneciendo todo. Cuando me miro al espejo consigo verme y no decir «Soy una bomba, estoy gorda», como cuando me miraba antes... O sea, cuando estoy cansada vuelve el miedo, pero la sensación es distinta... Ha desaparecido el efecto halo...

La anorexia juvenil

T: Ha desaparecido el efecto halo... Qué raro, ¿no? ¿Cómo te lo explicas?

Pregunta estratégicamente orientada

P: ¡Para mí es magia! ¡Antes no cambiaba nunca nada!

T: Pero este efecto halo ya no existe... Bien mirado, ¿qué es lo que te hemos hecho cambiar desde que viniste por primera vez?

Pregunta estratégicamente orientada

P: Comer, la comida... sobre todo.

T: Muy bien. Y no es magia, ¿vale? Haciéndote hacer cosas que te daba miedo hacer, has sido tú la que has roto el encanto negativo y has convertido las lentes deformantes en lentes correctas... Así que la magia la has hecho tú; nosotros solo te hemos inducido a practicarla. Por tanto, ahora que ya te ves con ojos puros, ¿eres fea y gorda o eres guapa?

Reestructuración con uso del lenguaje analógico y explicativo para destacar los recursos de la paciente y atribuirle la responsabilidad del cambio

P: Guapa... *(sonríe)*

T: Bien, bien... Mira, desde la segunda visita siempre te hemos visto más guapa y luminosa y cada vez lo estás más, y esto nos llena de alegría y de orgullo. Y ya sin el velo, ¿qué ha cambiado en tu vida?

Refuerzo positivo al cambio

P: Tengo más libertad, como si hubiese empezado a vivir de verdad..., o sea, más libertad en todo.

T: Y recuerdas que la otra vez abordamos el asunto de hacer de asistente a tu madre y de que esto significa que necesitas asistencia... ¿Has seguido haciéndolo o no?

Pregunta estratégica discriminante

P: A veces sí, otras veces me he quedado en casa o he ido más tarde.

T: Bien, bien...

M: Se ha quedado en la cama, antes no lo hacía nunca. Ahora se levanta cuando va a la escuela, se levanta para coger el tren.

Caso nº 2

T: Bien. ¿Crees que en las próximas semanas todavía irás alguna vez con ella o puedes quedarte en casa?
P: No lo sé...
T: Dijimos: si actúas de asistente, necesitas asistencia. Así que eliminemos la asistencia recíproca, ¿vale? Y cuando vas por la calle y miras a los demás, ¿cómo sientes que te miran? ¿Te sientes rechazada y juzgada o aceptada y apreciada?
P: No, con los demás desaparece... Nadie se da cuenta de que tengo un problema.
T: Por lo tanto, ¿solo aprecian lo que eres?
P: Sí.
T: ¿Así que te comunicas con los demás, te relacionas?
P: Sí, sí... Me encuentro bien con los demás.
T: Esto nos hace estar todavía más contentos y orgullosos. Y este es el proceso que hay que añadir ahora: más relaciones sociales, más disponibilidad en el juego de los contactos y las interacciones, y cortar completamente la dependencia de tu madre. ¿De acuerdo?
P: Ahora, cuando voy sola a la escuela, me siento como en esas películas estadounidenses en las que se ve a la señora caminando por la calle con el capuchino en la mano... Me siento así: exactamente libre.
T: Bien, bien... Estás adoptando la mirada de los otros mientras la tuya se está perfeccionando gradualmente. Estamos contentos, avancemos. Desde ahora hasta las próximas semanas queremos que suprimas la función de asistente y de asistida y que continúes mirándote con los ojos de los otros, ¿vale? La mamá ¿está tranquila?

Pregunta estratégica discriminante

Reestructuración para provocar aversión a la conducta disfuncional

Pregunta estratégica discriminante

Refuerzo positivo insistiendo en las anteriores indicaciones

153

La anorexia juvenil

M: Sí..., mucho. Ayer, además, hizo un pastel ¡y lo vendió!
T: Como ves, no hay magia alguna. Eres tú la persona mágica, si te concedes la posibilidad de expresarte...

Uso del lenguaje evocador para destacar los recursos de la paciente

En esta fase de la terapia los objetivos alcanzados se están estabilizando y activan el desarrollo de un equilibrio funcional, puesto de manifiesto en la remisión de la percepción dismorfofóbica. Cada vez es más importante que la paciente adquiera conciencia y confianza plenas en sus propios recursos, gracias también al hecho de atribuirle la responsabilidad de los cambios producidos en el proceso terapéutico.

Séptima sesión

CT: ¿Cómo has pasado estos días, qué tal has estado?

Indagación sobre el proceso de cambio

P: Más tranquila. Algunos días le he pedido a mamá que me dijera cómo soy realmente, otros días le he dicho lo que tenía claro, lo que quería hacer: quiero aprender idiomas y volver a jugar al voleibol.
T: Así que en estas semanas has tenido esta iluminación. ¿Y has empezado a hacer algo en este sentido o todavía esperas?

Pregunta estratégica discriminante

P: De momento tengo que terminar el curso de repostería, luego quiero hacer las dos cosas.
T: Perfecto, muy bien. ¿Has intentado mirar y sonreír a las personas que no conoces, en vez de bajar los ojos?

Pregunta estratégica discriminante

P: Sí.
T: ¿Y crees que las personas te rechazan o son amables?

P: No, son amables. La gente me dice que soy guapa y las personas que me conocían de antes están contentas porque me estoy recuperando y me felicitan; pero a veces sus frases me hacen pensar que estoy engordando...
T: Las personas son amables porque tú las haces sentir bien e importantes. Sabes que una mirada amable hace sentir bien a cualquiera. Es una medicina social que habría que difundir... *Reestructuración*
M: La sonrisa es la puerta que te abre el paraíso...
T: Exacto. Además, una mirada amable y una hermosa sonrisa como la tuya, ¡más que el paraíso! Y, si tú haces un don a los demás, lo que te devuelven es mucho más de lo que has dado. Trata de recordarlo, no lo olvides. Cuanto más importantes hagas sentir a los demás, tanto más satisfechos estaremos nosotros, porque tú también te sientes mejor. No es un acto de altruismo, sino de sano egoísmo, porque es una interacción constructiva. Aunque luego, si te dicen que estás bien, tú piensas: «¡He engordado!». *Reestructuración*
P: Sí, alguna persona que no había visto desde hace tiempo me lo dijo.
T: ¿Y pensaste «He engordado y debo adelgazar» o bien «Vale, estoy bien así?». *Pregunta estratégica discriminante*
P: De vez en cuando pensaba: de acuerdo, estoy bien.
T: La última vez decíamos que tenías que aprender a usar la mirada de los demás para poder utilizar la tuya.
(Dirigiéndose a la madre) Y la mamá ¿cómo la ha visto?
M: Mejor. Me ha dicho que en septiembre quería volver a jugar al voleibol, pero tiene que estar

en buenas condiciones físicas para poder rendir al máximo con el equipo. Si vuelves, tienes que volver con buena salud, ya que lo dejaste precisamente por estos problemas. Ha habido algunos momentos de ataques de pánico en los que me pedía confirmación; otros, más serenos. En conjunto, bien.
T: ¿Y cómo has pasado los días? ¿Te has quedado en casa o has ido con ella?
P: Me he quedado más en casa, alguna vez he salido con papá.
M: Sí, si venía conmigo, luego salía por su cuenta. Se ha vuelto a ver con los amigos del instituto y del teatro. Además, celebró la fiesta de cumpleaños. Cumplió 18 años y lo celebró con los amigos y ¡estuvo fuera toda la noche sin protección!
T: Bien, has vuelto a ver a las personas que habías dejado...
P: Sí.
M: También está más atenta y amable con su hermano y se ocupa de los perros que tenemos en casa.
T: Bien, muy bien. Estoy muy contento. ¿Y volverás a ver a esos chicos estos días?
P: Sí, sí.
T: Desde ahora hasta la próxima visita seguiremos el mismo camino. Si tienes trato con la gente, todo mejorará espontáneamente. Nos vemos dentro de tres semanas.

Pregunta estratégica discriminante

La joven está adquiriendo mayor seguridad y cada vez gestiona mejor las relaciones sociales, incluso en la interacción con desconocidos. Poco a poco va aceptando su cuerpo y esbozando los objetivos deportivos y académico-laborales que pretende alcanzar. Se decide, por tanto, espaciar las sesiones para permitir a la paciente consolidar autónomamente los resultados obtenidos y expresar sus recursos personales.

Octava sesión

CT: ¿Qué tal ha ido este mes?
P: Mucho mejor.
CT: ¡Mucho mejor! ¿Nos puedes explicar en qué consiste esto?
P: ¡Como si ya estuviese hecho! Como si faltara poco para curarme de verdad. Porque quizá tengo un pequeño bloqueo, y empiezo a comer poco; por ejemplo: la última vez que no me encontré bien de la barriga y el mecanismo volvía...
CT: ¿Restringiste un poco la alimentación?
P: Sí... Hummm... Pero, por lo demás, la relación con los demás... Todo va bien.
T: ¿Has salido, has visto a tus amigos de la escuela y del teatro?
P: Los del teatro menos, he visto sobre todo a los de la escuela.
T: Y el curso de repostería, ¿ha terminado?
P: Todavía no.
T: ¿Cuándo has tenido esos momentos en los que has restringido la alimentación? ¿Han surgido espontáneamente o tal vez después de haber visto a alguien que, como explicabas la otra vez, te dijo que estabas bien y esto te alertó sobre tu peso?
P: No, quizá tenía cierta sensación de náuseas o no tenía ganas de comer y entonces aparecía de nuevo ese mecanismo. Pero ahora incluso estoy comiendo con los demás. He comido sin cocinar aparte para mí. Ahora lo hago... Antes no podía.
M: Antes había que pesarlo todo, ahora es más flexible en las cantidades ¡y come con los otros!
T: ¡Se ve! ¿Estás contenta de la situación o tienes ciertos temores?

Indagación sobre el proceso de cambio

Pregunta estratégica discriminante

Prgunta estratégica discriminante

P: No.
T: ¿Ningún temor?
P: No, me gusta seguir así.
T: Y la mamá ¿qué dice?
M: La mamá está mucho más tranquila, porque, además, ahora ¡se pasa la noche hablando por teléfono con un chico hasta las dos de la mañana!
T: ¡Oh, bien! ¿De dónde has sacado a este chico?
P: De la escuela.
T: ¿Ya te habías fijado en él?
P: No. ¡Digamos que él se dirigió a mí!
T: Así que tú te fijaste en él y ¡conseguiste seducirlo! Con esos ojos tan bonitos... ¡Lo hemos camelado bien!
Bien, bien, estamos muy contentos. Y este es el mayor enemigo del trastorno: cuando la persona consigue concederse no solo el placer de la comida, sino también el placer de la sociabilidad y de las relaciones más íntimas.
(Dirigiéndose a la madre) ¿Cuáles son ahora las preocupaciones de la madre?
M: No, ninguna preocupación... La veo serena y hay que vivir este momento que considero que es un excelente salvavidas. Además, lo que tenga que pasar pasará... Antes tenía mucho miedo y me preguntaba: «Mamá, ¿puedo vivir este momento?». En condiciones normales no debería ni siquiera preguntarlo; una persona debería hacerlo a escondidas, sin pedir permiso. Creía que estaría siempre con nosotros, pero no es así.
T: Estamos muy contentos, de modo que sigue así; no tenemos nada que añadir: simplemente has de descubrir tus sensaciones. Esta vez nos

volveremos a ver después del verano, así podrás vivir este momento.

La joven ha conseguido uno de los objetivos más temidos por quienes sufren trastornos de la conducta alimentaria, esto es, comer en compañía de otras personas. Además, ha abandonado el control obsesivo de la comida, puesto que ya es capaz de pesar a ojo en vez de con la báscula y comer al mismo tiempo platos cocinados por otras personas. Por otra parte, ha iniciado una relación sentimental con un muchacho que está viviendo con placer y muestra su satisfacción por los logros conseguidos.

Novena sesión

CT: ¿Qué tal las cosas durante esos dos meses de verano? — *Indagación sobre el proceso de cambio*
P: Las vacaciones, todo bien, he vuelto a la escuela. Y bien... Solo algunos ataques de pánico. Estoy jugando de nuevo al voleibol y al entrar en contacto con las otras compañeras me sentí perdida, presa del pánico...
T: ¿Pánico o miedo?
P: Exactamente, pánico.
T: Pánico es «Dios mío, no puedo, oh, estoy bloqueada, me largo».
P: Pues sí.
T: Pero ¿lo superaste o te largaste interrumpiendo lo que estabas haciendo? — *Pregunta estratégica discriminante*
P: No, no...
T: Entonces no se trataba de pánico, fue miedo y lo superaste. El pánico es cuando uno se siente paralizado; el miedo puede ser muy grande, pero, si se supera o se permanece en el lugar afron- — *Reestructuración*

tando la situación, no es pánico. Bien, te estás enfrentando a todas las cosas de las que huiste, es normal que al principio te asustes. Y en la escuela, ¿qué tal? ¿Te encuentras a gusto?
P: Sí.
T: ¿Sigues con el novio?
P: No.
T: Oh. ¿Lo ha dejado él o lo has dejado tú?
P: Bueno. Éramos diferentes...
T: ¿Os disteis cuenta de que no funcionaba?
M: Digamos que lo dejó él, pero ella comprendió luego que eran muy diferentes...
T: Y la madre ¿qué dice?
M: Veo que está madurando mucho y está empezando a enfrentarse a las cosas, aunque quedan estos ataques de pánico residuales que luego supera brillantemente...
T: Por tanto, hay momentos de ansiedad o de miedo. Lo importante es mirar de frente al miedo, porque de este modo se transforma en valor. Si huyes, se convierte en pánico. Lo importante es combatir esos momentos. Si te rindes, estás derrotada; en cambio, si sigues, eres tú la vencedora.

Reestructuración dirigida a incentivar la conducta funcional

P: Volver atrás ahora, no, ¡ahora no!
T: Si te rindes, estás derrotada; si sigues, eres tú la vencedora.
¿Los antiguos problemas han vuelto?
P: Un poco de miedo al físico, pero no como antes.
T: ¿Ahora cómo te ves?
P: Digamos que bien, pero hay momentos en que le digo a mamá que me siento enorme.
T: Y mamá ¿qué dice?

Caso nº 2

M: Mamá le grita que se deje de tonterías, porque ahora es cuando realmente ha conseguido la belleza física, la que deseaba, y la gente se da cuenta y se lo dice: estás bien... A veces alguien utiliza una palabra diabólica y le dice: has engordado... Y pierde los nervios, luego se da cuenta de que no es más que una palabra, que realmente no está enorme. Se está enfrentando a los comentarios de los demás, antes se cerraba completamente...
T: Pero, cuando te miras al espejo en camisón, ¿cómo te ves? ¿Gorda o en forma? *Pregunta estratégica discriminante*
P: Las piernas, un poco desproporcionadas respecto al cuerpo, pero luego digo: no, no es así.
T: Y cuando las ves desproporcionadas —musculosas, porque justamente ahora las estás ejercitando— ¿crees que realmente son así o crees que depende de tus lentes deformantes de antes? *Pregunta estratégica discriminante*
P: Pienso..., muy bien, son gordas, ¡no pasa nada! ¡No me importa nada!
(Ríen)
T: Y la comparación con tus compañeras, ¿qué tal?
P: He estado dos años sin hacer nada. Por eso...
T: No, no sobre el rendimiento, sobre la belleza... ¿Las ves a todas más guapas que tú, más en forma que tú o la comparación te hace ver que no estás tan mal? *Pregunta estratégica discriminante*
P: No, no, no pienso en esto.
T: De acuerdo, ¿así que piensas en tu actuación, en hacerlo bien?
P: Sí, porque estoy un poco retrasada en el campo.
T: ¿Cómo es ahora tu jornada?
P: Más movida... Ayer, por ejemplo, llegué muy tarde. Ayer, después de la escuela, hice el curso para

el carnet de manipulador de alimentos, regresé a casa, e inmediatamente después me fui al voleibol.
T: ¿La mamá está tranquila o está preocupada por esta separación?
M: No, no *(ríen)*... ¡La mamá lo necesitaba! ¡Le digo que se vaya al extranjero!
T: *(Dirigiéndose a la madre)* ¡Antes la tenía siempre pegada!
M: Ya es mayorcita y quiero que sea autónoma.
T: Lo está consiguiendo. Estamos realmente felices e impresionados.
CT: ¿Sigues yendo al curso de repostería por las mañanas?
P: ¡Sí!
T: ¡Nos traerás el pastel cuando seas una experta! *(Ríen)*
T: Nos vemos dentro de tres meses. Cada vez añadiremos un mes...
P: Además, el domingo haré unas prácticas con mi profesor,
T: ¿De cocina?
P: No, ¡de camarera!
CT: Bien, ¡por ahí se empieza! Pequeños pasos para grandes empresas.

La paciente ha reanudado todas las actividades interrumpidas a causa de la patología, entre otras el voleibol. La comparación con las compañeras de equipo en cuanto a rendimiento deportivo provocó miedo y un desánimo inicial, que fueron superados a partir del momento en que se implicó a fondo en los entrenamientos. Aunque la paciente todavía considera que algunas partes del cuerpo son gruesas y desproporcionadas en relación con el resto del cuerpo, su reacción no es la típica de la anorexia, de sufrimiento, no aceptación y restricción alimentaria, sino de sano desinterés.

Décima sesión

T: Y bien, ¿qué nos cuentas de todo ese tiempo?
P: Mejor, más tranquila. En cuanto al aspecto, solo a veces, digamos que en ocasiones me veo de nuevo gorda, pero lo vivo de forma más despreocupada, y, si me apetece una galleta más por la noche, después del entrenamiento, la como...
T: Bien, bien, estupendo...
P: Sí, si tengo hambre, como algo más...
T: ¿Y te lo permites tranquilamente o sigue siendo un problema?
P: No, me lo permito tranquilamente. Incluso por la noche me despierto menos.
M: De día se mantiene activa y de noche duerme.
T: Bien. Y la vida fuera de casa ¿cómo va?
P: Sigo yendo a la escuela y, además, al voleibol tres veces por semana.
T: Estupendo.
P: Últimamente, escuela y voleibol...
T: Bien. Y de novios ¿qué tal?
P: De momento, no.
T: ¿Los mantenemos alejados?
P: Hummm.
T: ¿Sales con amigos o estás aislada?
P: Sí, sí, salgo habitualmente con los amigos... Ahora vienen las vacaciones de Navidad y estaremos todos más libres, por eso...
T: ¿Sales?
P: No, por la noche no.
T: Vale. ¿Ni siquiera sábado y domingo, nunca?
P: El domingo voy al gimnasio a ver los partidos y el sábado salgo a veces con la familia y a veces con los amigos.

Caso n° 2

Indagación sobre el proceso de cambio: alimentación, relaciones sociales, imagen de sí misma

Pregunta estratégica discriminante

La anorexia juvenil

T: Perfecto... *(Dirigiéndose a la madre)* Y la mamá ¿qué dice?
M: La veo más tranquila, mucho más relajada frente a las contrariedades: si antes se ponía furiosa, ahora me parece mucho más equilibrada, más razonable a la hora de enfrentarse a los problemas.
T: ¿Cree que se mantienen aún los trastornos o no?
M: No.
T: *(Dirigiéndose a la paciente)* Bien, ahora la pregunta es para ti: ¿crees que persisten los trastornos o son dificultades totalmente superadas?   *Pregunta estratégica discriminante*
P: No, un trastorno auténtico, no, pero todavía me falta seguridad en mí misma...
T: Pero es que la seguridad no es un don, es una conquista, y se adquiere con la experiencia y teniendo cada vez más éxito y confianza en los propios recursos.   *Reestructuración*
Bien, bien... ¿Y qué crees que podemos hacer para aumentar tu seguridad?
P: Hummm.
T: ¿Debemos añadir algo o basta mantener el rumbo que estás siguiendo?   *Pregunta estratégica discriminante*
P: No, ya está bien.
T: Muy bien. Yo también lo creo así. Se trata simplemente de consolidar con el tiempo los resultados conseguidos hasta ahora.
P: Por ejemplo, en el voleibol somos unas 20 chicas... Hay una chica con la que nunca hablaba, no sé, no nos caíamos bien... Y en cambio ahora hablo con ella. Me siento más integrada en el equipo... Y últimamente he empezado a hablar con todas, incluso con aquellas que al principio no me caían bien... Y hablamos de todo, de la escuela, de chicos...

T: Por supuesto, ¡de todo lo que hablan las chicas!
Incluidos los secretos y lo que no hemos de saber...
(Ríen)
Bien, estoy muy contento. La próxima visita será dentro de seis meses y será la penúltima, si todo va bien, ¿de acuerdo? Luego volveremos a vernos al cabo de seis meses y lo controlaremos todo.

En el primer *follow up*, tres meses después de la anterior sesión, los objetivos están estabilizados y permiten la manifestación de nuevos repertorios conductuales, perceptivo-emocionales y cognitivo funcionales para el bienestar y el crecimiento de la joven. Es importante ahora valorar también las vivencias de la paciente y de la madre en relación con la superación de la patología y/o presencia de otras formas de malestar. Puesto que la valoración del terapeuta coincide con la de la joven y de la madre, se fijan las últimas citas al cabo de seis meses y un año.

En el último encuentro, la joven se presentó con un gran pastel decorado y una botella de naranjada, e invitó al terapeuta y a la coterapeuta a compartirlos con ella y con la madre, para celebrar una importante victoria de su equipo y el hecho de sentirse libre de la prisión de la anorexia y de la asechanza de la inseguridad.

Bibliografía

ALEXANDER, F. (1946), *Psychoanalytic therapy: principles and application*, Nueva York, Ronald Press [vers. cast.: *Terapéutica psicoanalítica: principios y aplicación*, Buenos Aires, Paidós, 1965].

AMERICAN PSYCHIATRIC ASSOCIATION (APA) (2014), *Manual diagnóstico y estadístico de los trastornos mentales*, 5ª edición, Buenos Aires, Editorial Médica Panamericana.

BALL, J. y MITCHELL, P. (2004), «A randomized controlled study of cognitive behavior therapy and behavioral family therapy for anorexia nervosa patients», en *Brunner-Mazel Eating Disorders Monograph Series* 12, págs. 303-314.

BIONDI, M. y LORIEDO, C. (2011), *Disturbi di personalità. Identità e conflitti in una società in trasformazione*, Milán, FrancoAngeli.

BRYANT-WAUGH, R. (2009), «L'anoressia nervosa nei bambini e negli adolescente», en T. Jaffa y Brett McDermott (2009), *I disturbi alimentari nei bambini e negli adolescenti*, Milán, Raffaello Cortina Editore.

CASIERO, D. y FRISHMAN, W. H. (2006), «Cardiovascular complications of eating disorders», *Cardiology in Review* 14, págs. 227-231.

CASTELNUOVO, G.; MANZONI, G. M.; VILLA, V.; CESA, G. L.; MOLINARI, E. (2010), «Brief Strategic Therapy vs Cognitive Behavioral Therapy for the inpatient and telephone-based outpatient treatment of binge eating disorder: the STRATOB randomized controlled clinical trial», *Clinical Practice e Epidemiolgy in Mental Health 6*.

CASTELNUOVO, G.; MOLINARI, E.; NARDONE, G.; SALVINI, A. (2013), «La ricerca empirica in psicoterapia», en G. Nardone y A. Salvini, *Dizionario internazionale di psicoterapia*, Milán, Garzanti.

Costa, E.; Nazzaro, F.; Vona, L. (2011), «Trattamento integrato del DCA in comorbidità con i disturbi di personalità», en M. Biondi y C. Loriedo, *Disturbi di personalità. Identità e conflitti in una società in trasformazione*, Milán, FrancoAngeli.

Costa, M. B. y Melnik, T. (2016), «Effectiveness of psychosocial interventions in eating disorder: an overview of Cochrane systematic reviews», *Einstein* 14(2), págs. 235-277.

Dalle Grave, R. (2015), *Alle mie pazienti dico... Informazione e auto-aiuto per superare i disturbi dell'alimentazione*, 15ª ed. actualizada, Verona, Positive Press.

Dare, C. y Eisler, I. (1997), *Handbook of Treatment for Eating Disorders*, Nueva York, Guilford Press.

Doidge, N. (2008), *El cerebro se cambia a sí mismo*, Madrid, Aguilar.

Eisler, I.; Dare, C.; Hodes, M.; Russell, G.; Dodge, E.; Le Grange, D. (2000), «Familiy therapy for adolescent anorexia nervosa: the results of a controlled comparison of two family interventions», *Journal of Child Psychology and Psychiatry* 41, págs. 727-736.

Elkaim, M. (1995), *Panorama des thérapies familiales*, París, Seuil.

Faravelli, C. (2010), *Psicofarmacologia per psicologi*, Bolonia, Il Mulino.

Favaro, A.; Ferrara, S.; Santnastaso, P. (2004), «Impulsive and compulsive self-injurious behavior and eating disorders: an epidemiological study», en J. L. Levitt; R. A. Sansone; L. Cohn, *Self-harm behaviour and eating disorders*, Nueva York, Brunner-Routledge.

Fichter, M. M.; Quadflieg, N.; Hedlund, S. (2008), «Longterm course of binge eating disorder and bulimia nervosa: Relevance for nosology and diagnostic criteria», *International Journal of Eating Disorders* 41, págs. 577-586.

Gibson, P. (2015), *The Clinical Handbook of Brief Strategic Psychotherapy*, (en prensa).

Gibson, P.; Pietrabissa, G.; Manzoni, G. M.; Boardman, D.; Gori, A.; Calstelnuovo, G. (2016), «Brief Strategic Therapy for obsessive-compulsive disorder: a clinical and research protocol of a one-group observation study», *BMJ Open* 6.

Gordon, R. A. (1990), *Anorexia and bulimia: Anatomy of a social epidemic*, Cambridge, Basil Blackwell.

HALEY, J. (1980), *Terapia no convencional: las técnicas psiquiátricas de Milton H. Erickson*, Buenos Aires, Amorrortu.

HAY, P.; CHINN, D.; FORBES, D.; MADDEN, S.; NEWTON, R.; SUGENOR, L.; TOUYZ, S.; WARD, W. (2014), «Royal Australian and New Zealand College of Psychiatrists clinical practice guidelines for the treatment of eating disorders», *Australian and New Zealand Journal of Psychiatry* 48(11).

HAY, P. y MCDERMOTT, B. (2009), «La psicoterapia individuale», en T. Jaffa y B. McDermott, *I disturbi alimentari nei bambini e negli adolescenti*, op. cit.

KEARNS, G.; ABDEL-RAHAMAN, S.; ALANDER, S. ET AL. (2003), «Developmental pharmacology-drug disposition, action, and therapy in infants and children», *New England Journal of Medicine* 349, págs. 1157-1167.

LACEY, J. H. y EVANS, C. D. (1986), «The impulsity: a multi-impulsive personality disorder», *British Journal of Addiction* 81.

LE GRANGE, D.; LOCK. J.; LOEB, K. ET AL. (2010), «Academy for Eating Disorders position paper: The role of the family in eating disorders», *International Journal of Eating Disorders* 43, págs. 1-5.

LE GRANGE, D. (2004), *Family-based Treatment vs Individual Psychotherapy for Adolescent Bulimia Nervosa: What We Have Learned So Far?*, Eating Disorders Research Society Annual Meeting, Amsterdam.

— y LOCK, J. (2005), «The dearth of psychological treatment studies for anorexia nervosa», *International Journal of Eating Disorders* 37, págs. 79-91.

LE GRANGE, D.; LOCK, J.; DYMEK, M. (2003), «Family based therapy for adolescents with bulimia nervosa», *American Journal of Psychotherapy* 57, págs. 237-251.

LEVITT, J.; SANSONE, R. A.; COHN, L. (2004), *Self-harming behavior and eating disorders*, Nueva York, Brunner-Routledge.

LILENFELD, L. R. (2004), «Psychiatric comorbidity associated with anorexia nervosa, bulimia nervosa, and binge eating disorder», en T. D. Brewerton (ed.), *Clinical Hanbook of Eating Disorders: An Integrated Approach*, Nueva York, Marcel Dekker.

LOCK, J. (2002), «Treating adolescents with eating disorders in the family context. Empirical and theoretical considerations», *Child and Adolescent Psychiatric Clinics of North America* 11, págs. 331-342.

— (2011), «Evaluation of family treatment models for eating disorders», *Current Opinion in Psychiatry* 24, págs. 274-279.
— y Couturier, J. (2009), «Interventi di psicoterapia familiar basati su evidenze empiriche», en T. Jaffa y B. McDermott, *I disturbi alimentari nei bambini e negli adolescenti*, op. cit.
—; Le Grange, D.; Agras, W. S. et al. (2010), «Randomized clinical trial comparing family-based treatment with adolescent-focused individual therapy for adolescents with anorexia nervosa», *Archives of General Psychiatry* 67, págs. 1025-1032.
Loriedo, C. (2013), Seminario: *Anoressia giovanile, strategie per una terapia efficace ed efficiente*, Arezzo.
—; Nardone, G.; Wazlawick, P.; Zeig, Z. (2004), *Strategie e stratagemmi della psicoterapia. Tecniche ipnotiche e non ipnotiche per la soluzione in tempi brevi di problemi complessi*, Milán, FrancoAngeli.
—; Zeig, J.; Nardone, G. (2011), *Tranceforming*, Phoenix, The Milton H. Erickson Foundation Press.
Minuchin, S.; Baker, L.; Rosman, B. L. et al. (1975), «A conceptual model of psychosomatic illness in children. Family organization and family therapy», en *Archivies of General Psychiatry* 32, págs. 1031-1038.
Minuchin, S. (1978), *Famiglie psicosomatiche. L'anoressia mentale nel contesto familiare*, Roma, Astrolabio.
Nardone, G. (1993), *Miedo, pánico, fobias. La terapia breve*, Barcelona, Herder, 1997.
— (1997), «De los modelos generales a los protocolos específicos de tratamiento: la terapia breve estratégica evolucionada», en P. Watzlawick y G. Nardone, *Terapia breve estratégica*, Barcelona, Paidós, 2000.
— (1998), *Psicosoluciones: cómo resolver rápidamente problemas humanos complicados*, Barcelona, Herder, 2002.
— (2003), *Al di là dell'odio e dell'amore per il cibo*, Milán, Bur.
— (2007), *La dieta de la paradoja*, Barcelona, Paidós, 2009.
— (2009), *Problem solving estratégico*, Barcelona, Herder, 2010.
— (2016), *La terapia de los ataques de pánico. Libres para siempre del miedo patológico*, Barcelona, Herder, 2016.
— y Balbi, E. (2008), *Surcar el mar a espaldas del cielo*, Barcelona, Herder, 2018.

—; Balbi, E.; Valteroni, E. (2013), «Eficacia y eficiencia de la terapia breve estratégica en el trastorno obsesivo-compulsivo», en G. Nardone y C. Portelli, *Obsesiones, compulsiones, manías*, Barcelona, Herder, 2015.
— y Barbieri Brook, R. (2010), «Advanced Brief Strategic Therapy: an overview of interventions with eating disorders to exemplify how theory and practice work», *European Journal of Psychotherapy and Counselling and Health* 12, págs. 113-127.
— y Portelli, C. (2005), *Conocer a través del cambio: la evolución de la terapia breve estratégica*, Barcelona, Herder, 2012.
— y Portelli, C. (2013), *Obsesiones, compulsiones, manías*, Barcelona, Herder, 2015.
—; Rocchi, R.; Giannotti, E. (2001), *Modelos de familia. Conocer y resolver los problemas entre padres e hijos*, Barcelona, Herder, 2003.
— y Salvini, A. (eds.) (2013), *Dizionario internazionale di psicoterapia*, Milán, Garzanti [vers. cast.: *Diccionario internacional de psicoterapia*, Barcelona, Herder (en prensa)].
— y Salvini, A. (2004), *El diálogo estratégico: comunicar persuadiendo*, Barcelona, Herder, 2011.
— y Selekman, M. (2011), *Hartarse, vomitar, torturarse*, Barcelona, Herder, 2013.
— y Valteroni, E. (2014), *Dieta o non dieta. Per un nuovo equilibrio tra cibo, piacere e salute*, Milán, Ponte alle Grazie.
—; Verbitz, T.; Milanese, R. (1999), *Las prisiones de la comida: vomiting, anorexia, bulimia*, Barcelona, Herder, 2011.
— y Watzlawick, P. (1990), *El arte del cambio: trastornos fóbicos y obsesivos*, Barcelona, Herder, 2007.
— y Watzlawick, P. (2005), *Brief Strategic Therapy: Philosophy, Techniques and Research*, Nueva Jersey, Rowman & Littlefield.
National Collaborating Centre For Mental Health (nccmh) (2004), *Eating Disorders: Core Interventions in the Treatment and Management of Anorexia Nervosa, Bulimia Nervosa and Related Eating Disorders. A National Clinical Practice Guideline*, Londres, National Institute for Clinical Excellence.

Nielsen, S.; Moller-Madsen, S.; Isager, T. (1998), «Standardized mortality in eating disorders: A quantitative summary of previously published and new evidence», *Journal of Psychosomatic Research* 44, págs. 412-413.

Petrini, P.; Visconti, N.; Casadei, A.; Mandese, A. (2012), *I disturbi della personalità. Il funzionamento psichico tra normalità e patologia*, Milán, FrancoAngeli.

Robin, A. L.; Siegel, P. T.; Koepke, T. et al. (1994), «Family therapy versus individual therapy for adolescent females with anorexia nervosa», *Journal of Developmental & Behavioral Pediatrics* 15, págs. 111-116.

Robin, A. L.; Siegel, P. T.; Moye, A. W. et al. (1999), «A controlled comparison of family versus individual therapy for adolescents with anorexia nervosa», *Journal of the American Academy of Child & Adolescent Psychiatry* 38, págs. 1482-1489.

Royal Australian and New Zealand College of Psychiatrists (2014), «Royal Australian and New Zealand College of Psychiatrists clinical practice guidelines for the treatment of eating disorders», *Australian and New Zealand Journal of Psychiatry* 48, pág. 977.

Royal College of Psychiatrists (2000), «Eating disorders in the UK: policies for service developments and training», Council Report CR 87, Londres, Royal College of Pychiatrists.

Russell, G. F.; Szmukler, G. I.; Dare, C. et al. (1987), «An evaluation of family therapy in anorexia nervosa and bulimia nervosa», *Archives of General Psychiatry* 44, págs. 1047-1056.

Safer, D. L.; Telch, C. F.; Chen, E. Y. (2009), *Dialectical Behavior Therapy for Binge Eating and Bulimia*, Nueva York, Guilford Press.

Selekman, M. (2005), *Pathways to change: Brief therapy with difficult adolescents*, Nueva York, Norton.

— (2009), *The adolescent and young adult selfharming treatment manual: A collaborative strengths-based brief therapy approach*, Nueva York, Norton.

Selvini Palazzoli, M. (1963), *L'anoressia mentale*, Milán, Raffaello Cortina (2006).

Steffen, K. J.; Roering, J.; Mitchell, J. E. (2009), «Psicofarmacologia dei disturbi alimentari», en T. Jaffa & B. McDermott (2009), *I disturbi alimentari nei bambini e negli adolescenti, op. cit.*

Steinhausen, H. C. (2002), «Prospettive longitudinali, esito e prognosi», en T. Jaffa y B. McDermott (2009), *I disturbi alimentari nei bambini e negli adolescenti, op. cit.*
—; Boyadjieva, S.; Griogoroiu-Serbanescu, M. et al. (2003), «The outcome of adolescent eating disorders: Findings from an international collaborative study», *European Child & Adolescent Psychiatry* 12(1), págs. 191-198.
Stern, D. N. (2004), *The present moment in psychotherapy and everyday life*, Nueva York, Norton.
Vanderlinden, J. (2001), *Vincere l'anoressia nervosa. Strategie per pazienti, familiari e terapeuti*, Verona, Positive-Press.
Waller, G. (1992), «Sexual abuse and the severity of bulimic symptoms», *British Journal of Psychiatry* 161, págs. 90-93.
— (2016), «Recent advances in psychological therapies for eating disorders», *F1000 Faculty Reviews* 5.
Watzlawick, P.; Beavin, J. H.; Jackson, D. D. (1967), *Teoría de la comunicación humana: interacciones, patologías y paradojas*, Barcelona, Herder, 1995.
Watzlawick, P. y Nardone, G. (1997), *Terapia breve estratégica*, Barcelona, Paidós, 2000.
Zerbe, K. (2008), *Integrated treatment of eating disorders*, Nueva York, Norton.